KB266270

선을 넘은 사람들

선을 넘은 사람들

1판 1쇄 인쇄 2026년 3월 13일
1판 2쇄 발행 2026년 4월 17일

지은이 이영훈
펴낸이 김미영

본부장 김익겸
제작 올인피앤비
펴낸곳 지베르니
출판등록 2021년 8월 2일
등록번호 제561-2021-000073호
팩스 0508-942-7607
이메일 giverny.1874@gmail.com

ISBN 979-11-24102-01-5 (03330)

현직 검사의 대학생 연합동아리 마약 수사 노트

선을 넘은 사람들

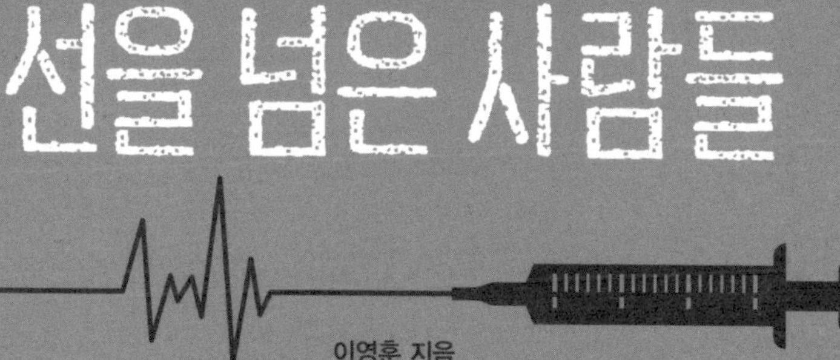

이영훈 지음

지베르니

이 책은 특히 대학생 등 젊은 세대에서 증가하는 마약 범죄의 해악을 알리고, 이들의 건전한 준법의식을 기르기 위한 목적으로 집필했습니다. 수익금의 일부는 한국마약퇴치운동본부에 기부합니다.

이 책에 등장하는 내용 중 저자가 서울남부지방검찰청 검사 재직 시절 수사·기소한 '대학생 연합동아리 마약 사건'이하 '이 사건'과 관련된 부분은 수사·재판·검찰 보도자료①2024년 8월 5일 '대학생 연합동아리를 이용한 대학가 마약 유통조직 적발', ② 2024년 9월 26일 '마약을 유통한 대학생 연합동아리 사건 추가 수사결과 발표' 등을 통해 확정·공개된 사실관계에 기반해 서술했습니다.

이 책에 등장하는 인물은 대부분 이 사건의 수사 대상자였으나, 이미 언론 보도 등을 통해 알려진 부분을 제외하고 인적사항이 특정될 여지가 있는 부분은 모두 제외했습니다. 특정 인물을 지칭하는 영문 이니셜은 언론 보도나 검찰 보도자료 등 기재와 일치하지 않습니다.

이 책의 집필 목적에 따라 한국마약퇴치운동본부 공식 누리집에 소개된 〈마약류 및 약물 남용 예방 상담 연락처 / 전국 마약중독자 치료 보호기관 현황〉을 책의 맨 마지막 부분에 소개합니다. 이 사건의 수사 대상자를 포함해, 마약에 노출된 모든 이들이 신속히 마약을 극복하기를 진심으로 기원합니다.

차례

6장 | 마약의 피해자들

7장 | 더럽고, 천하고, 저급하다

1장
수사의 단서

"마약, 여자, 동아리에 빠진 건가
 … 3년 동안"

이 사건의 주범으로 회자되는 동아리 회장 A가 구속된 이후 일기에 남긴 말이다. 주위에는 항상 사람들이 많았고, 그 나이대치고 이례적으로 많은 송사에 휘말린 그는, 구속 이후에야 비로소 자신을 돌아보게 되었다. 부족함 없이 자랐고, 남들은 N수를 해도 가기 어려운 명문대 출신임에도, 대학원 입학 외에는 특별한 취업·창업 등 소득 활동 없이, 단시간에 전국 2위 규모를 달성할 정도로 연합동아리 운영에 집중한 그가 마약에 빠진 이유가 궁금했다. 사실 전체 마약류 사범 중 학생의 비율은 의외로 높다. 학생들이 마약류를 구매할 돈이 어디 있을지 의문이 들겠지만, '2023년 직업별 마약류 사범 단속 현황'에서 볼 수 있듯 '기타'와 '직업미상'군을 제외하면, '무직'군과 '학생'군 순으로 그 비율이 높다.

이미 언론 보도 등으로 익히 알려진 이 사건은 내가 서울남부지검 공판 검사로 근무할 당시 수사를 개시한 사건이다. 각 지방검찰청·지청마다 차이는 있겠지만, 공판 검사는 대부분 수사하지 않고 재판에서 공소유지 업무를 담당한다. '수사'하면 쉽게 떠올릴 수 있는 피의자 조사, 압수수색 등은 통상업무가 아닌 것이다. 가끔 위증, 범인도피 등 공소유지 업무와 관련성이 높은 범죄를 수사하는 경우도 있으나, 그 역시 넓게 보면 공소유지 업무의 일환이다. 통상 주4일 재판에 들어가기 때문에 조사, 압수수색, 디지털 포렌식 등 일정을 잡기도 쉽지 않다.

고백하자면, 내가 마약범죄 수사에 대한 높은 사명감이나 열정 때문에 이 사건을 수사하게 된 것은 아니다. 통상 공판 검사는 2개 재판부를 담당하는데, 수십 개의 사건 기일이 회전초밥 돌아가듯 정신

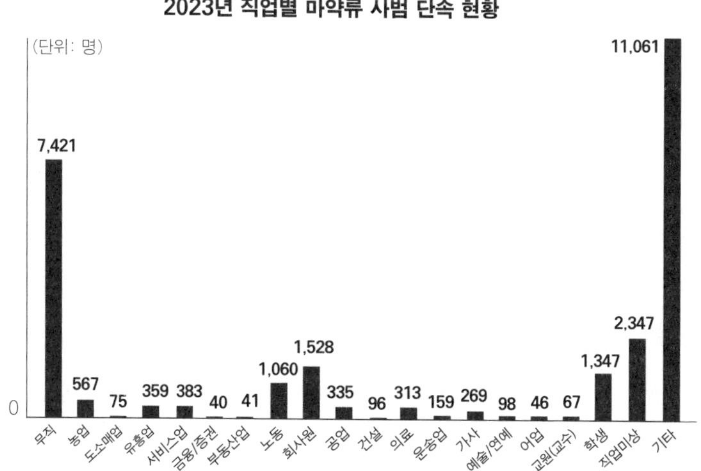

2023년 직업별 마약류 사범 단속 현황

*출처 : 대검찰청 발간 〈2023년 마약류 범죄백서〉

없이 진행된다. 다섯 번째 임지였던 남부지검에서 이미 웬만한 사건은 '야근하지 않으려면 빨리 처리해야 하는 통상업무' 이상의 의미를 갖기 어려웠다. 그러나 A에 대한 사건—내가 수사를 개시하기 전, 경찰이 수사한 마약 등 사건은 이미 무뎌질 대로 무뎌진 나의 수사 의지를 자극했다.

해당 사건에는 마약범죄와 무관한 성범죄 등이 포함되어 있었는데, 검사의 눈으로는 수면으로 드러나지 않은 많은 악행이 보였다. 해당 사건은 A가 당시 교제하던 여성과 함께 호텔에서 마약을 투약하던 중 현행범으로 체포되어 구속된 사건이라고 알려져 있는데, 대부분의 운전자들이 걸리지 않고 음주운전을 해오던 중 '재수없게' 걸려서 사건화가 된 것처럼, A 역시 위 사건이 첫 마약 투약이 아님을 직관적으로 알 수 있었다.

A의 성범죄는 지면에 표현하기가 민망할 정도로 죄질도 나빴는데, 나와 비슷한 나이대의 명문대 출신인 A가 이렇게 나쁜 길로 빠지게 된 이유가 무엇인지, 드러나지 않은 범죄나 피해자는 없을지 추가 수사의 필요성에 대한 강한 확신이 섰다.

그로부터 1년 넘게 진행된 수사와 재판에서 드러난, 명문대생들을 중심으로 한 마약 등 범죄의 실태는 내가 생각했던 것보다 훨씬 충격적이고 광범위했다. 대학 간판으로 모든 것을 평가할 수는 없지만, 명문대생들은 우리 사회를 이끌어나갈 미래 세대 중 '인재'로 평가받는 현실을 무시할 수 없다. 게다가 이들을 중심으로 구성된 대규모 연합 동아리는 미래 우리 사회의 축소판이라고 볼 수도 있는데, 동아리를 통해 마약이 유통되었다는 것은 마약이 우리 사회 전체를 병들게 할 수 있다는 방증이기도 하다.

실제 사례에서 마약으로 스스로의 인생을 망가뜨린 수사 대상자들의 면면을 살펴보는 것은 그 어떤 마약예방 교육보다 효율적일 것이다.

합의금은
할부로 끊어주세요

대한민국 법원의 재판업무는 과중하다. 판사 1인당 처리 건수는 세계적으로 많은 편에 속한다. 공판 검사는 대부분 2개의 재판부를 담당하니, 담당 사건수만 놓고 보면 형사법원 판사의 2배가 된다. 사정이 이렇다 보니, 자백사건이나 대부분의 사실관계를 인정하는 사건의 공판기록을 심도 있게 분석할 유인은 높지 않다. 공판 검사는 대부분 사실관계를 부인하거나 자백·부인이 뒤섞인, 이른바 '깡치'사건법조계 은어로 '찌꺼기, 앙금'을 뜻하는 북한말에서 유래되었다. 사안이 복잡하고 품이 많이 드는 사건을 뜻한다.에 집중하게 된다.

내가 A를 처음 알게 된 것은 서울남부지검 공판부에 전입하고 불과 한 달 후인 2024년 3월경이었다. 사실 공판부는 내가 원하는 부서가 아니어서 근무에 큰 의욕을 갖기는 어려웠다. 그러나 A의 사건은, 누적된 '깡치'사건 검토에 지친 나의 눈길을 잡아끄는 특이한 사건이었다. A가 성범죄 등으로 불구속 기소된 이후, 당시 교제하던 동아리 회원과 서울의 한 호텔에서 LSD를 투약한 마약범죄로 구속 기소된 사건이 병합되어 진행되었다. 마약범죄와 성범죄는 현대 사회에서 엄히 다스리는 범죄의 대표격으로, 유죄로 판단된다면 중형을 피하기 어려운 상황이었다.

그런데 그 사건의 성범죄 피해자는 고소 이후 추가 조사를 위한 경찰의 계속된 연락에 응하지 않은 채 '더 이상의 사건 진행을 원하지 않고 고소를 취소한다'라고 했다. 고소장을 제출한 피해자라고 보기 어려운 태도였다. 최초 고소장을 접수할 때는 A의 발언이 가득 담긴 녹취록 등 자료를 다수 제출할 정도의 적극성을 보였음에도 말이다. 하지만 피해자가 고소를 취소할 경우 공소를 제기할 수 없는 '친고죄'였던 일부 성범죄가 법개정으로 더 이상 친고죄가 아니게 된 것처럼, 수사기관 역시 단순히 피해자가 고소를 취소했다는 이유만으로 손을 놓고 있을 수는 없다.

위 사건 수사 검사 역시 피해자의 태세 전환을 놓치지 않고 피해자를 설득해 진술을 확보했고, 그 결과 A 측으로부터 피해자가 추가 수사에 일절 응하지 않는 조건으로 유사 사안에서는 찾아보기 어려운 거액의 합의금을 지급받기로 한 사실을 밝혀냈다. 합의 여부는 당사자들이 자유롭게 결정할 일이지만, 성범죄가 더 이상 친고죄가 아닌 이상 '추가 수사에 일절 응하지 않는 조건'은 수사를 방해하는 것으로 간주될 여지가 높다. 아무리 큰돈을 준다 해도 그러한 수사 방해는 용납되기 어렵다. 쉽게 말해서, 돈을 주고 사건을 덮는 격이기 때문이다. 특히 피해자의 진술 없이는 알기 어려운 정확한 피해 내용, 정도 등을 확인할 수 없는 성범죄에서는 더욱 그렇다. A의 범죄 그 자체도 문제지만, 수사 방해 등 수사에 대하는 태도 역시 충분히 비난받을 만한 것이다. 만약 A가 피해자로 하여금 고소를 취소하게 하는 과정에서 추가적인 폭행·협박이 이루어졌다면 그 자체로 특정범죄가중처벌등에관한법률**보복 목적 협박 등**위반죄 등 또 다른 범죄가 성립할 수 있었다.

돈으로 범죄를 덮을 수 있을까? 꼬리가 길면 언젠간 잡힌다. 돈으로 꼬리의 일부를 가릴 수 있을지언정, 이를 완벽하게 은폐하는 것은 불가능하다. A의 성범죄 사건 피해자 역시 A 측으로부터 돈을 받은 후에는 입을 굳게 다물었으나, 담당 검사의 계속된 설득에 결국 사건의 전말, 그리고 A 측으로부터 돈을 받는 조건으로 그 이후의 수사 과정에 일절 협조하지 않기로 했다는 사실을 털어놓았다. 피해자가 돈을 받은 후로부터 입을 열기까지는 적지 않은 시간이 걸렸지만 말이다.

다행히 A의 합의 과정에서는 거액의 합의금 지급 외에 추가적인 폭행이나 협박은 확인되지 않았다. 다만 A 측과 피해자 사이에는 합의금 액수, 그리고 그 전부에 대한 지급 여부 등에 관해 이견이 있었던 것으로 보인다. **자세한 사정은 알 수 없었지만, 처음부터 합의금 전액을 '일시불'로 지급한 경우는 아니었을 가능성이 높다.** '합의 이후의 수사 과정에 일절 협조하지 않을 것'이라는 약속이 지켜지지 않았으니, A 측에서는 나머지 합의금 지급을 거부하거나, 이미 지급한 합의금의 반환을 요구할 여지도 있었을 것이다.

실제로 범죄의 세계에서는 '돈으로 해결되지 않는' 일들이 비일비재하다. 아무리 경미한(?) 범죄라도 피해자가 합의를 하지 않으면 그만이다. '일절의 민·형사상 처벌을 원하지 않는다' 문구가 명백히 합의서에 기재되고, 그 합의금을 전액 일시불로 완납한 경우라면 '완벽한 합의'가 될 수 있겠으나, 실제 합의는 그렇게 깨끗하게 이루어지지 않는다. 합의금을 '할부'로 지급하기로 한 다음 합의서에 서명만 받고 그 이후의 할부금을 지급하지 않은 채 '잠수'를 타거나, 이 사건의 경우와 마찬가지로 합의금 지급에 '일절 수사 과정에 협조하지 않을 것' 등 반사회적 내용의 조건을 추가하는 경우가 다반사이다. 이러한 반사회적 내용의 조건을 지키지 않았다고 해서 합의금을 반환할 법적인 의무는 존재하지 않는다.**민법 제103조는 반사회적 법률행위를 무효로 본다.**

어쨌든 가해자와 피해자 사이 합의금을 둘러싼 분쟁은 검사의 업무 범위를 넘어선 것이니, 내가 더 이상 A의 성범죄를 들여다볼 이유는 없었다. 문제는 A의 마약범죄였는데, A는 LSD를 투약한 직후 현행범으로 체포되었기 때문에 사건 내용 자체는 간단했다. 게다가 A는 적어도 체포 범죄사실 자체는 전부 자백하는 상황이었다. 문제는 A가 체포된 당일의 행적이었다. 일반적으로 LSD는 투약 당시의 상태에 따라 흥분이 더해진 강한 환각을 경험하는 '굿트립Good Trip'과 공포와 불안이 극대화되는 '배드트립Bad Trip'으로 나뉜다. 보통 LSD 복용자 중 20~30%는 배드트립을 경험하며, 투약 경험이 많은 복용자도 10~15%는 배드트립을 겪는다고 한다. 결국 많은 사람들이 굿트립을 경험하기 위해, 대학생 입장에서는 1회 투약량 구매조차 쉽지 않을 만큼 비싼 돈을 내고, 처벌의 위험까지 감수하면서 LSD를 투약하는 것이다.

A와 함께 마약을 투약한 동아리 회원이 이른바 '배드트립'상태에 빠져 난동을 부리다가 경찰이 출동하자, A는 화장실에 숨어 문을 걸어 잠근 뒤 자신의 휴대폰과 노트북을 바닥에 던지고 그 위에 물을 뿌렸다. 통상 이러한 행동은 구속 사유인 '증거인멸의 염려'로 인정되어 구속되기 쉬운 데다, 이미 수차례 수사와 재판을 받아온 A는 또 다른 구속 사유인 '재범의 염려'마저 높았으므로, 굳이 구속 사유를 추가할 필요가 없었다. 게다가 마약범죄의 특성상 투약 현장에서 현행범으로 체포될 경우 소변이나 모발 검사를 통해 적어도 체포 당시의 투약범죄에 관한 명백한 증거가 확보될 가능성이 높다. 따라서 A가 휴대폰과 노트북을 성공적으로 파손한다 해도, 최소한 그 자리에서 이루어진 '현행범' 체포 당시의 LSD 투약 범행으로는 처벌을 피하기 어려웠다. 도대체 A의 휴대폰과 노트북에는 무엇이 있었기에, 그런 자충수를 두었을까?

공판 검사의 마약 수사는
'우유에 밥 말아 먹기'

A는 2023년 12월경 체포되었다. 하지만 2024년 3월경까지도 체포 현장에서 압수된 휴대폰 등에 대한 포렌식이 완료되지 않은 상태였다. A의 행동을 고려할 때 여죄 발생 가능성은 충분히 예상할 수 있었으나, 구체적인 내용은 포렌식이 끝나기 전까지 단정하기 어려웠다. 체포 당시가 A의 첫 마약 범행일 가능성도 배제하기 어려웠다.

그런데 공판기록을 검토하던 중 A와 함께 체포된 당시 교제하던 동아리 회원 등과의 금전거래 내역이 확인된 계좌가 발견되었고, 해당 계좌의 거래 내역을 분석한 결과 위 동아리 회원을 포함한 4~5명이 주로 야간이나 새벽 시간대에 비슷한 액수를 A에게 송금한 사실이 드러났다. 대학원생이나 사회초년생들이 일반적인 모임 비용을 갹출했다고 보기 어려운, 적게는 십만 원, 많게는 백만 원 단위의 다액 송금이었다. 앞서 언급했듯 A는 별다른 소득활동에 종사하지 않았음에도 수천만 원대의 계좌 잔고를 유지했고, 거래 내역 대부분은 타인으로부터의 송금이었다. 의욕이 다소 떨어진 공판 검사로서도 A에 대한 여죄 수사를 개시할 충분한 이유가 되었다.

하지만 문제는 다른 데 있었다. 공판부에서 마약 인지수사를 하려해도 시간은 물론, 당장 수사관 인력부터 부족했다. 여러 장소를 동시에 압수수색해 다량의 증거를 확보하고 싶은 마음은 간절했지만, 조사에 참여할 수사관을 섭외하는 것조차 쉽지 않은 상황이었다. 비유하자면, 신선한 식재료를 눈앞에 두고도 조리기구가 없어 요리하지 못하는 격이었다. 아무리 고급 식재료라도 제때 요리하지 않으면 썩는 것처럼, 시간이 지날수록 증거는 사라지고 기억은 희미해진다. 모든 일이 그렇듯 혼자서 할 수 있는 일은 너무나 제한적이다.

두드리면 열리는 것이 바로 길이라고 했던가. 내가 남부지검 공판부에 발령받은 직후 7급 공무원 공개채용시험 검찰직을 수석 합격한 수사관이 나의 업무를 보조하는 수사관으로 배치되었다. 신입 직원에게는 어느 직장이나 적응 시간이 필요한데도, 이 수사관은 별도의 적응기 없이 곧바로 실무에 투입되어 경력 수사관 이상의 역할을 수행했고, 나를 포함한 중간 연차 검사들보다 훨씬 뛰어난 역량을 보여주었다.

공판부에서 마약 인지수사를 하는 것은 매우 이례적이다. 검사가 하고 싶은 수사를 하는 것이 무엇이 문제냐고 반문할 수 있지만물론 이 역시 이른바 '검찰개혁' 이후의 상황에서는 불가능한 일이 될 것이다. 공판 검사의 마약

인지수사는 마치 우유에 시리얼이 아닌 밥을 말아 먹는 격이다. 물리적으로 가능하지만 누가 우유에 밥을 말아 먹겠냐만은, 그렇게 먹는 것이 불가능한 것은 아니다, '이상한 사람'으로 취급받기 딱 좋다. 자칫하면 칼춤만 추다가 기본 공판업무에 소홀할 우려도 배제할 수 없었다. 게다가 부서장이 어깃장을 놓아버리면 골치 아파지는데, 나는 운이 좋았다. 전적인 신뢰와 전폭적인 지원을 보내주신 부장님 덕분에 정말 신나게 수사할 수 있었다. 동료 검사들 역시 나를 격려해주는 경우가 대부분이었다. 물론 고운 시선을 보내지 않는 사람도 있었지만.

그러나 검찰청도 사람 사는 세상이다. 내가 의도치 않게 모종의 불편함을 끼쳤을 수도 있다. 사실 나는 '조사', '압수수색', 아니면 그냥 '바쁘다'는 핑계로 각종 모임에 불참하는 경우가 많았는데, '조직'의 특성상 이런 행동은 결코 환영받을 수 없다. 수사에 성과가 발생한다면 질투와 시기의 손가락질이 이어지고, 수사에 차질이 생긴다면 조롱거리가 될 뿐이다. '우유에 밥 말아 먹는' 수사의 가장 큰 어려움은 과중한 업무량도, 증거인멸 등 수사 방해도 아닌 '인간관계'였다. 이처럼 우여곡절 끝에 녹록지 않은 환경에서도 계속 전진할 수 있었던 가장 큰 이유는, 시끄럽게 칼춤만 추고 수사 성과는 내지 못하는 '또라이'로 낙인찍힐 수 없었던 '절박함'이었다.

돈은
거짓말을 하지 않는다

　　　　　마약범죄 수사의 기본은 신체검사로, 주로 소변·모발 검사를 활용한다. 소변 검사의 경우 검출 기간이 약 3~5일에 불과하고, 최대 6개월까지 검출이 가능한 모발 검사도 개인 차이와 탈·염색 등의 외부 변수에 영향을 받을 수 있다. 물론 신체검사 없이 수사가 전혀 불가능한 것은 아니지만, 신체검사에서 마약 양성 반응이 나오면 부인하기 어려운 강력한 증거가 된다. 그러나, 아직까지는 이런 과학수사에도 '100%'에 해당하는 영역은 그리 많지 않다. 특정 마약류를 투약한 사실은 100% 확인되더라도, 그 투약시기가 '일' 단위로 특정되지는 않는다. 공소사실을 엄격히 증명해야 하는 검사 입장에서는, 소변·모발검사 결과 외에 투약시기를 정확히 확인할 수 있는 다른 증거를 확보해야 하는 것이다.

　　그러나 이 사건에서 이루어진 마약 투약은 대부분 신체검사일 기준 6개월 이전에 이루어졌으므로, 신체검사만으로는 부인하기 어려운 강력한 증거를 확보하는 것은 쉽지 않았다. 신체검사일로부터 6개월이 지나지 않은 투약도, 특정 마약류를 투약했다는 사실만 알 수 있을 뿐, 정확한 투약일은 알기 어려웠다.신체검사의 한계를 아는 똑똑한 명문대생들이라 그런지, 신체검사 결과를 제시해도 입을 다무는 경우가 많았다. 대신 신체검사보다 더욱 강력한 증거가 있었는데, 그것은 바로 '돈'이었다. 돈은 거짓말을 하지 않는다. 모발과 소변도 거짓말을 하지 않지만, 그로부터 알 수 있는 정보는 한정적이다. 그러나 돈은 실로 방대한 정보를 '정확히' 말해준다.

'또라이'가 되기 싫은 나의 절박함에 화답하듯, 앞서 언급한 A의 계좌에서는 마약 매매대금으로 의심되는 거래 내역이 다수 확인되었다. 그 거래 상대는 대부분 연합동아리의 회원들인데, 단순 모임 비용을 갹출한 금액은 기껏해야 수만 원으로, 원 단위까지 철저하게 정산되어 있었다. 그러나 마약 매매대금으로 의심되는 돈은 대부분 만 원 단위에서 정산이 끊겨있었는데, 아무리 밤을 새워 젊음을 불태우더라도 일회성 모임 비용 갹출로 보기에는 지나치게 큰 금액이었다. N차로 이어지는 모임 과정에서 만 원 단위에서 정산이 끊길 리 만무했다. A가 항상 자신의 카드로 모든 모임 비용을 결제했다고 보기도 어려웠다. 카드사용 혜택을 A가 독차지할 수 있을까? 요새 카드사용 혜택이 대학생들을 상대로도 맞춤 설계되어 있어, 모임 정산 시 서로 자신의 카드를 사용하고 싶어하는 것은 당연지사다.

적지 않은 동아리 회원들이 인스타그램 등 SNS에 고급 외제차, 고급 호텔 스위트룸, 파인다이닝 식당 등에서 촬영한 사진을 다수 게시한 것이 확인되었다. 이는 나를 포함한 대부분의 성인조차 쉽게 누리기 어려운 라이프 스타일이다. 아무리 한창 놀고 꾸미고 싶은 대학생이라 하더라도 부모로부터 큰돈을 받지 않으면 누리기 힘든 환경이다. 대부분 과외나 각종 아르바이트로 생활비를 충당하는 이들에게 이러한 생활은 쉽지 않다. 그럼에도 불구하고 비정기적으로 A에게 10만 원 이상, 그것도 주로 만 원 단위로 야밤이나 새벽에 송금한 것은 '화려한 모임' 갹출 비용으로 보기 어렵다. 이른바 '인싸'라고 해도 자신의 소득보다 더 많은 지출을 하며 화려한 모임을 즐기기는 어렵다. 그럼에도 이들이 어렵게 번 돈이나 심지어 빌린 돈까지 마약 구매에 갖다 바친 것은, 이미 마약에 중독된 상태였기 때문으로 보는 것이 마땅하다.

A가 현행범으로 체포될 당시 자신의 휴대폰 등을 파손하려고 시도한 정황만으로는, A의 여죄에 대한 수사 개시 단서로 보기에는 다소 무리가 있었다. A의 여죄에 관한 다른 동아리 회원들의 진술 역시 구체성이 부족했다. 그러나 A의 계좌 거래 내역은 구체적이고 정확하며, 시간이 지나도 휘발되지 않는 속성을 지니고 있어 여죄 수사 개시에 결정적인 단서가 되었다.**돈은 거짓말하지 않는다.**

한편, 이미 다수의 범죄 전력이 있던 A가 왜 자신 명의 계좌로 정직하게 마약 대금을 수취했는지 의문이 들었다. 불법적인 거래는 계좌 추적을 피하기 위해 통상 현금이나 가상화폐를 통해 이루어지기 때문이다. 나중에 이야기하겠지만, 안티포렌식 프로그램을 설치하고,

마약 관련 메시지를 대부분 텔레그램에서만 사용할 정도로 보안에 철저했던 A의 행동으로 보기에는 납득하기 어려운 부분이었다.

모바일 메신저(카카오톡, 텔레그램 등)는 잘못 보낸, 혹은 성급히 보낸 메시지를 삭제하는 기능을 제공하고, 디지털 포렌식을 하더라도 삭제된 메시지 복구가 현실적으로 불가능한 것으로 알려져 있다. 그러나 한 번 이루어진 거래 내역은 삭제할 방도가 없다. 은행 계좌 송금은 물론, 카카오페이 등 전자 송금이나 코인 전송의 경우도 마찬가지다. 실제로 거물 정치인이나 기업 총수가 연루된 부패 사건이 발렛비 송금, 인근 편의점에서의 카드 사용 내역 등 수천 원 단위의 소액 거래 내역이 '스모킹 건'의 역할을 하는 경우가 다반사이다. 제아무리 '사과 박스'에 현금을 담아 주고받더라도 말이다. 그러니, 주도면밀한 범행계획을 세웠더라도 단 한 번의 실수로 모든 것이 물거품이 된다. 범죄 역시 '사람이 하는 일'이다. 이처럼 돌이킬 수 없는 실수의 가능성을 조금이라도 인지한다면, 애초에 범죄는 꿈도 꾸지 말아야 한다.

마약을
도대체 왜 했어요?

이미 A는 여자친구와 함께 LSD 투약 등 마약범
죄의 현행범으로 구속 기소되었으며, 체포 당시 LSD 외에 다른 종류
의 마약류도 압수당했다. A와 그 주변 인물들의 마약 범행을 이해하
기 위해서는 우선 A가 마약에 어떻게 접하게 되었는지 알 필요가 있
었다. 지피지기면 백전불태다. 그러나 유명 정치인이나 기업인도 아닌
A의 개인사에 대해 알 수 있는 단서는 동아리뿐이었다. 다행히 동아
리 인스타그램은 팔로우 여부와 관계없이 전체 공개 상태였고, 2021
년 하반기 게시물도 확인할 수 있었다. '전체 공개 인스타그램'만큼
정보의 보고를 찾기도 어렵다. 동아리 인스타그램 계정과 서로 '맞팔'
한 계정을 통해 조금만 가지치기를 하면 동아리 모임의 일시·장소,
참석자 명단, 교통수단 등 다양한 정보를 손쉽게 확보할 수 있었다.
동아리 인스타그램 계정은 A가 약 3년간 해당 동아리를 한때 전국 2

위 규모의 연합 동아리로 키워낸 덕분에 게시물 수도 적지 않았고, 비록 모자이크 처리를 했음에도 댓글을 통해 참석자가 누구인지도 쉽게 알 수 있었다. '수사'라는 색안경을 끼지 않는다면, 눈부시게 빛나는 청춘의 현장이었을 것이다.

A는 평소 동아리 회원들에게 그리고 수사 과정에서도 모 대학 대학원 '휴학생'이라고 말했다.이는 구속 이후 조사에서도 마찬가지였다. 그러나 2024년 8월 5일 1차 언론 보도 이후, 해당 대학은 A가 이미 장기간 휴학으로 제적된 상태였다고 발표했다. 사실 이 부분은 수사 과정에서 해당 대학에 미리 학적 상태를 확인하지 못한 나의 잘못이다. 장기간 휴학으로 제적되었는지 여부를 당사자가 알지 못한다는 것은 납득하기 어려운데, 어쩌면 A는 제적 사실을 숨기고 싶었을지도 모르겠다.

A는 약 3년간 아무런 학업이나 사업, 취업 준비 등 활동을 하지 않고 동아리 활동에만 매진했는데, 30대 초중반인 A의 나이대에는 결혼해서 출산까지 한 동년배들도 많다. 연합동아리 활동이 한참 뻗어나가야 할 A의 인생 전부를 차지하기는 어려운 일이다. A가 처음부터 마약 유통을 목적으로 동아리를 결성한 것은 아니었겠지만, 동아리 활동은 그 규모를 더해가며 A에게 단순한 동아리 이상의 의미로 자리 잡은 것은 분명하다. A에게 동아리 활동은 LSD 등 마약에 대한 생각을 나누고, 함께 투약하며, 나아가 일부 회원들에게 자신의 공동구매 가격보다 높은 가격에 소매로 판매해 차익을 취하는 일종의 '플랫폼' 역할을 한 것이다. 물론 동아리 회원 대다수는 마약과 무관하게

활동한 것으로 보이지만, A의 마약 범행 대부분은 동아리를 통해 이루어졌다.

A는 마약류, 특히 향정신성의약품인 LSD가 '새로운 영감'을 가져다준다고 믿었다. 마약 사범의 흔한 변명으로 보일 수 있으나, 안타깝게도 A의 주장과 유사한 내용이 인터넷에서 회자된 지는 꽤 오래되었다. A는 이러한 생각을 함께 마약류를 투약한 동아리 회원들과 공유했는데, 그 공유 대상 중에는 수십만 구독자를 보유한 유튜브 채널의 영상도 있었다. 대부분 LSD 등 신종 마약에 관한 내용이었으며, 마약류에 대한 호기심과 흥미를 불러일으킬 수 있는 내용이었다. 어쩌면 마약류에 대한 예찬으로 들릴 수도 있는 A의 주장은 의외로 명문대생들에게 잘 통했다.

대학생 등 젊은 세대의 비판적 시각이 사회 발전의 원동력이 된 것은 부인할 수 없다. 하지만, 이미 의학적으로 검증된 '마약류의 위험성'까지 비판적으로 바라보고, 마치 제도권이 LSD를 섣불리 마약으로 단정지어 금기시한다는 잘못된 믿음은 매우 위험하다. 충격적인 사실은, 함께 LSD를 투약한 후 우주를 소재로 한 SF 영화나 현대미술 전시회를 단체 관람하는 등 소위 '약쟁이'로 불리는 마약 사범의 전형적인 행태와는 다른 문화생활을 하기도 했다. A와 동아리 임원 C 등은 제주도, 태국 등지에서 LSD를 '원정 투약'하기도 했는데, 이 또한 이국적인 자연 풍경이 LSD의 투약 효과를 배가시킨다는 믿음에서 비롯된 것이었다. 그러나 그 어떠한 문화생활이나 믿음도 마약범죄를 정당화할 수는 없다.

도대체 A는 언제부터 이런 헛된 믿음을 가지게 되었을까? A는 수사 과정에서 애플의 전 최고경영자 스티브 잡스가 LSD 투약을 통해 얻은 영감이 사업적 성공을 가져다주었다는 말을 반복했다. 그렇다고 해서 A가 창업을 하거나 예술에 몰두한 것도 아니었다. 연합 동아리 활동에 특별한 영감이 필요한 것이 아님은 분명했다. 백번 양보해 LSD에 관한 A의 주장이 타당하더라도, A는 LSD 외에도 MDMA, 대마 등 다양한 마약류를 투약했다. 결국 아무리 시계를 거꾸로 돌려봐도 A가 마약을 접하게 된 합리적인 근거도, 필연적인 이유도 찾기 어려웠다.

결국 일반적인 마약 사범과 마찬가지로, 가랑비에 옷 젖듯 호기심에 접한 마약이 어느새 A의 인생 깊숙이 파고든 것이다. 마약사범을 조사할 때 가장 처음 던지는 질문은 이렇다.

'마약을 도대체 왜 했어요?'.

이 사건에서는 그 해답을 찾는 과정이 결코 녹록지 않았다.

수사노트

30대 이상의 독자라면, '필름 카메라'로 촬영한 사진을 현상할 때 우측 하단에 촬영 연월일이 자동 인쇄되는 것을 기억할 것이다. SNS 게시물도 마찬가지로 그 게시 연월일이 표시된다. 아직까지 게시 연월일을 임의로 조작할 수 있다는 얘기는 들어보지 못했다.

과거 SNS 게시물에 비추어 '내로남불'이라는 비난에서 자유롭지 못한 정치인이 하나둘 아니다. 그런데 수사기관으로서는 SNS 게시물처럼 '정직한(?)' 수사 단서를 다른 곳에서 찾기가 더 어렵다. 심지어 친절하게 촬영이나 게시 장소까지 해시태그(#)로 알려주니, 출근길 지하철에서도 손가락만으로 역동적인 수사가 가능하다.

2장
수사의 시작

팔만대장경과
녹음파일

수사의 단서는 확보했지만, 실제로 수사가 어디까지 확대될지는 미지수였다. 제대로 된 계획 없이 의욕만 앞세운 채 칼을 휘두르다 수사 정보가 유출된다면, 똑똑한 대학생들이 스마트폰 터치 몇 번으로 증거를 인멸할 것은 불 보듯 뻔했다. 그리고 그 일은 실제로 일어났다.

수사 초기에는 A 등이 눈치채지 못하도록 물밑에서 은밀하게 움직여야 했다. 초기 수사는 계좌경찰 수사기록에 편철된 일부 거래 내역에 국한되지 않은, 동아리 활동이 활발하게 이루어지던 약 3년간의 거래 내역, 가상화폐 거래 내역과 통화 내역, 그리고 인스타그램에 집중했다.

A의 가상화폐 거래 내역은, 지금까지 내가 분석했던 가상화폐 거래 내역과 비교해 봐도 수상했다. 백만 원 단위의 원화를 국내 거래소에 입금한 후, 같은 종류의 알트코인을 일괄적으로 매수해 특정 전

자지갑으로 전송출고하는 형태가 반복되었는데, 전송출고 내역만 있었고 그 반대의 경우코인을 전송(입고)받은 내역는 없었다. 2023년 한 해에만 원화 입금액이 1,000만 원 이상이었으나, 이에 상응하는 코인이 전혀 입고되지 않았다는 점에서, 위와 같이 입금된 원화가 해외 거래소를 통한 코인 현물·선물 투자금이 아니라, 무엇인가의 대가로 지급되었음을 추단할 수 있다. 마약류 딜러에게 마약 구매대금 명목으로 지급되었을 가능성을 배제할 수 없는 부분이다.

한편, A의 가상화폐 거래는 A가 고교 동창 K를 고소한 이후부터 시작되었다. 그 전까지 A는 K의 가상화폐 거래소 연동 계좌로 여러 차례 송금했으나, K와의 관계가 틀어져 고소에 이른 이후에는 K를 통하지 않고 '직접' 가상화폐 거래에 나선 것으로 보인다. 다만, 특정 가상화폐 거래 내역만으로 거래 상대방이 누구인지, 그 명목이 무엇인지 등을 쉽게 파악하는 것은 현실적으로 불가능하다. 아무리 허술한 마약 거래라고 해도 '일회용 전자지갑'이나 '가상화폐 믹싱mixing' 서비스 등 거래 내역의 추적을 어렵게 하는 방법이 존재하기 때문이다.

A의 고소 전, 즉 A와 K의 관계가 유지되던 시기에는 A가 K에게 송금하고, K는 국내 가상화폐 거래소에서 가상화폐를 매수해 일회용 전자지갑으로 전송한 뒤, 다른 종류의 가상화폐로 스왑swap해 마약 딜러로 추정되는 인물에게 전송한 정황이 확인되었다. A가 직접 가상화폐 거래에 나아가면서 K로부터 가상화폐 거래 방식을 배워 그대로 따라 했을 가능성도 배제할 수 없었다.

이처럼 계좌와 가상화폐 거래 내역만으로도 A의 마약 거래가 생각보다 장기간에 걸쳐 광범위하게 이루어진 정황을 포착할 수 있었다. 그러나 역시 가장 중요한 것은 A로부터 마약을 매수하고 함께 투약한 동아리 회원들의 진술이었다. A에게 수차례에 걸쳐 십만 원 단위의 돈을 보냈으나 반대로 A로부터 돈을 받지 않은 회원들을 추려 소환 계획을 세웠지만, A와의 친분 관계 등으로 인해 수사 정보가 A에게 유출될 우려가 있었다. 대규모 인지 수사는 여러 첩보를 바탕으로 주요 인물들과 주변인들 간 인적 관계를 파악한 후 진술을 받기 쉬운 사실대로 말해줄 가능성이 높은 사람을 먼저 공략하지만, 턱없이 부족한 인력으로 '맨땅에 헤딩하기' 식으로 덤비는 상황에서는 '수사의 정석'을 따를 여유 따위는 없었다.

나는 사람의 원초적인 심리를 공략하기로 했는데, A로부터 고소·고발을 당한 동아리 회원들은 A에게 불리한 진술을 숨기지 않을 것으로 판단했다. 사실 평범한 사람은 평생에 걸쳐 재판은커녕 고소·고발 등 송사에 휘말릴 일이 없다. 별다른 사회활동도 찾아보기 어려운 A에게 적지 않은 고소·고발 전력이 있는 점도 놀라웠으며, 그 상대방이 동아리 회원이라는 점은 안타까움을 자아내는 부분이었다.

이미 A와 돌이킬 수 없는 강을 건넌 이들은 예상대로 A에게 불리한 진술도 마다하지 않았다. 다만, 이들이 A에 대한 원한으로 허위나 과장된 진술을 할 우려가 있어, 이들에게서 공통적으로 확인되는 진술 중, 카카오톡 대화 내역 등 객관적인 증거로 뒷받침되는 부분만을 취사선택했다. 그러나 A에 대해 더 깊게 알아가기 위해서는 A와 수회에 걸쳐 돈 거래가 확인된, A와 함께 체포된 당시 여자친구 D의 진술이 가장 중요했다. 하지만 D 역시 체포 전에 A로부터 마약을 매수하거나 함께 투약했다면, D가 A의 여죄를 진술하는 것은 결국 자신의 여죄를 자백하는 것과 다름없었다. 결국 D의 양심에 기대는 수밖에 없었다.

D의 양심에 기대는 전략은 의외로 빛을 발했다. D는 조사 시 거래 내역 등 객관적 증거를 제시받기 전에 순순히 여죄, 즉 A로부터 마약을 수차례에 걸쳐 매수하고 A 등과 함께 투약한 사실을 시인했다. 자신의 처벌 가능성을 감수한 자백 진술이 먼저 이루어졌고, 정확한 기억 환기를 돕기 위해 A의 계좌 거래 내역에서 다른 동아리 회원들과 함께 A에게 송금한 내역을 제시받는 형태로 조사가 이루어졌다. 만약 그 순서가 바뀌었다면 D의 자백 진술을 쉽게 믿기 어려웠을 것이다. 물론 D 입장에서는 이미 자신이 수차례에 걸쳐 A에게 십만 원 단위의 돈을 보낸 '수상한' 거래 내역 등 어느 정도의 증거가 확보된 상태에서 자백이 더 효율적인 전략이라고 판단했을지도 모른다.

D는 자신의 휴대전화에서 A와 자신 등의 마약 범행을 뒷받침할 자료를 대거 제출했다. 조사가 끝난 후 D에게 이토록 '쿨하게' 자백하고 수사에 협조한 이유를 물었다. 당시 D는 A와 함께 현행범으로 체포된 이후 석방되어 단약 치료를 조건으로 기소유예 처분을 받았으며, 치료에 성실히 임하고 있었다. D는 "남은 인생에서 마약을 전면 차단하는 기회로 삼겠다"라며 각오를 보였다. 신체뿐 아니라 정신에도 깃든 마약의 어두운 그림자를 밀어내려는 D의 노력에서는 추가적

인 형사 처벌마저 감수할 정도의 진실함이 느껴졌다.

D의 수사 협조 덕분에 생각보다 광범위하게 증거가 확보되었다. 어느 정도 범죄 사실이 구체화된 상태에서 A의 주거지 등 현장 압수수색을 계획하게 되었다. 문제는 구체적으로 무엇을 압수할 것인지 여부였는데, A가 이미 마약범죄로 체포·구속되어 수개월이 경과했으므로 A의 주거지 등에 마약이 그대로 남아 있을 리 만무했다. 체포 당시 A의 휴대전화 등 통신 단말기도 모두 압수된 상태였다. 경찰에서는 A의 휴대전화 등에 대한 포렌식이 이례적으로 지연되고 있었는데, 이 상태는 내가 2024년 7월 해당 휴대전화를 직접 송치받아 포렌식하기 전까지 계속되었다.

압수수색 범위를 고민하던 중, A가 다른 동아리 회원 등과 나눈 구치소 접견 내역과 녹음 파일이 확보되었다. 그 녹음 파일을 일일이 들어보니, A가 공범으로 의심되는 다른 동아리원들과 편지를 주고받은 사실이 확인되었다. A가 휴대전화를 압수당한 채 구속되어 있으니, 편지는 마치 실시간으로 이루어지는 모바일 메신저 채팅과도 같았다. 만약 그 편지에 여죄 수사 관련 내용이 기재되어 있다면, 수사 기밀 유출 경로도 파악할 수 있었다. 마치 적이 심어놓은 정보원을 색출하기 위해 일부러 역정보를 흘리는 것과 같다. 다행히 이 사건에서는 A 등이 심어놓은 정보원 따윈 없었다.

그러나 공판부 특성상 대규모 동시 압수수색을 위한 인력 확보는 쉽지 않은 게 문제였다. A가 압수수색을 당한 후 공범들에게 연락할 우려도 배제할 수 없었다. A와 공범들을 동시에 압수수색하는 것이 가장 상책이었지만, A의 주거지와 수용실구치소을 동시에 압수수색하는 것조차 쉽지 않았다. 그러나 인력 타령은 하수나 하는 일이다. 장인은 장비 탓을 하지 않는다. 이 사건보다 더 혹독한 조건에서 눈부신 성과를 이뤄낸 검찰수사 사례는 쉽게 찾아볼 수 있었기에, 나로서는 주어진 상황에서 최선을 다하고, 다만 행운의 여신이 미약하게나마 웃어주기를 바랄 뿐이었다.

이후 이루어진 압수수색에서 예상대로 A의 저항은 심했다. 별다른 근거도 없이 압수수색의 위법을 주장하며, 관련 서류의 서명도 거부했다. 마치 정치인 수사를 연상케 하는 당당한 태도였다. 그럼에도 불구하고 적지 않은 성과를 거두었는데, 바로 A가 작성한 편지에서 A의 범행 동기를 추단할 수 있는 내용이 확인된 것이다.

수사노트

기억은 시간이 갈수록 희미해진다. 어제의 일은, 어제의 내가 가장 잘 안다. 아무리 똑똑한 명문대생이라도, 과거에 발생한 사건을 완벽하게 기억해내는 것은 불가능하다. 누구보다 A에 대해 잘 알고, 수사에 전면 협조한 D의 진술도 마찬가지였다. 기억을 되살리는 과정에서 진술이 번복되고, 객관적인 자료 거래 내역 등와 모순되는 진술도 확인되었다. 그러나 일부 진술의 번복이나 모순만으로 D가 거짓말을 한다고 볼 수는 없다.

이러한 '기억의 재구성'과 '의도된 거짓말'을 어떻게 구분할 수 있을까? 정답은 없다. 검증, 검증 또 검증의 연속이다. 엉덩이를 붙이고, 기록을 수없이 들여다보며, 흩어진 퍼즐의 조각을 최대한 맞춰나가는 계속된 작업만이 진실로 향하는 정도이다. 수사에 지름길 따위는 없다. 이 사건에서 내가 직접 청취한 녹음파일만 하더라도 100개를 상회했다.

그중에는 재생시간이 2시간 넘는 것도 있는데, 녹음파일을 검사실 밖으로 반출할 수 없었다. 꼼짝없이 퇴근하지 못하고 야심한 밤에 젊은 청춘들이 흥겹게 떠드는 장면을 애써 떠올리지 않으면서 녹음파일을 모두 들어야 했다. 녹음파일은 '직접증거'로서 가치가 높지만, 방대한 녹음파일의 향연에서 엑기스만 추출하는 작업은 고되고 힘들다. 개인정보 유출의 문제가 있기 때문에 AI를 통해 텍스트로 변환하는 것도 불가능하다. 녹음파일을 처음 발견했을 당시의 흥분도 잠시, 이를 일일이 청취하고 중요한 부분을 초단위로 기록하는 작업은 매우 고되었는데, 팔만대장경을 처음 발견하고 이를 읽어나가는 이름모를 조상님의 감정을 조금이나마 이해할 것 같았다.

"마약도
돈 벌려고 시작한 거야"

　　　　　　결국 '돈' 때문이었다. 마약 유통을 주제로 한 영화나 드라마에서처럼 처음부터 영리 목적으로 마약 유통망을 갖춰 전문적으로 공급한 것은 아니다. 하지만, 가상화폐 등을 이용해 비대면으로 다량 구매한 마약류를 다시 동아리 회원을 중심으로 1회 투약 분씩 소매 판매하는 과정에서 차액을 남기는 일종의 수익화 작업이 이루어진 정황이 확인되었다.

　　대검찰청이 발간한 《마약류 백서》 등 자료에 따르면, 마약류에도 일종의 '도매'와 '소매'로 구분된 시세가 존재한다. A 등 수사 대상자는 마약을 도매로 다량 구매하는 것을 '공동구매'라고 칭했다. 당연히 '공동구매'의 도매 단가가 1회 투약 분씩 구매하는 소매 단가보다 저렴하다. 그리고 공동구매로 다량의 마약류를 구비해놓은 A 등의 입장에서는, 마약에 관심을 보이는 자에게 소매가로 판매해 '마약 동지'도 새로 구하고, 차액도 남기는 유인이 클 수밖에 없다. 그러나 결코 부족함 없이 자란 A가 굳이 마약 등 불법으로 돈을 벌려고 했다면, 도대체 A의 궁극적인 목표는 무엇이었을까? 드라마 〈수리남〉이나 〈브레이킹 배드〉처럼 거대한 카르텔의 수장이 되고 싶었을까? 결국 A의 속내를 알아내지는 못했지만, 사람의 욕심은 끝이 없는 것은 분명하다.

수사를 계속할수록, 의외로 적지 않은 젊은이들, 이 사건에서와 마찬가지로 명문대생들도 마약, 불법도박 등 범죄를 매개로 돈벌이에 나서는 경우가 많음을 알게 되었다. 그 자세한 방법은 범죄를 조장할 우려가 있어 소개하지 않음을 이해해주시기 바란다. 이렇게 범죄를 수단으로 큰 돈을 쉽게 벌어버릇 하면, 제아무리 번듯한 직장도 성에 차지 않게 된다. 클릭 몇 번에 수백, 수천만 원을 쉽게 버는데, 직장상사와 부대껴가며 야근에 가기 싫은 술자리까지 쳇바퀴 돌 듯 반복할 이유는 무엇인가?

검사로 업무를 하면서 가장 좌절감이 드는 부분은, 상사로부터의 질책이나 업무량의 폭주가 아닌, 바로 수사 대상자의 주장에 심정적으로 동조가 되면서도, 바른 말로 훈계를 해야 하는 상황이다. 겉과 속이 달라도 너무 달라야 하는 것이다. 나도 나약한 인간에 불과하다. 마약 공동구매로 번 돈을 학비와 월세에 충당하고, 과외나 아르바이트에 뺏길 시간에 공부를 해서 '성적 장학금'까지 받고야 마는, 그야말로 '슬기로운(?) 대학생활'을 보낸 수사 대상자의 인생 앞에서는 '나도 저렇게 살았으면…' 하는 실로 불경스러운 생각이 들었다. 이른바 '금수저' 학생들은 경험해보지 못했을 것이다. 부족한 학비 때문에 온갖 아르바이트를 하느라 시간을 보내고, 카드 결제 한도가 넘을까 노심초사하는 경험을 직접 해봐서 알고 있는 나로서는, 겉으로는 이들을 엄히 훈계하면서도 속으로는 그들의 선택에 '공감'된다는 것이 큰 고통이었다.

마약 자체도 문제지만, 마약 매매로 큰돈을 쉽게 벌 수 있다는 유혹을 극복하는 것도 어려운 문제다. 스마트폰과 모바일 메신저의 발달로 인해, 통상적인 지능 수준을 갖췄다면 누구나 마약 매매에 나설 수 있을 정도가 되었다. 그러나 대부분의 사람들이 아무리 경제적으로 어려운 상황이라 하더라도 마약 매매에 나서지 않는 이유는 단순하다. '하면 안 되기' 때문이다.

굳이 처벌 정도를 논하지 않더라도, 우리 안의 본능적인 도덕 감정이 그것을 억제한다. 나 역시 수많은 마약 사건들을 접하면서 큰 돈을 쉽게 벌고 싶다는 유혹이 하루에도 몇 번이나 엄습했다. 결국 돌이킬 수 없는 선택을 하지 않는 것은 아직 내 안의 본능적 도덕 감정이 잘 작동하고 있다는 신호이다.

엘리트의 민낯

이 사건을 관통하는 키워드 중 하나는 바로 수사 대상자의 대부분이 명문대생들이라는 점이다. A 역시 명문대 학부를 졸업하고 대학원에 입학할 정도의 수재였고, 공범들 역시 대부분 명문대생들이었다. 동년배들에 비해 엄격한 자기 관리와 피나는 노력으로 학업 경쟁에서 승리한 명문대생들. 모든 것이 완벽할 것 같던 이들의 민낯은 수사가 거듭될수록 더욱 신랄하게 드러났다.

A와 함께 동아리를 만든 B는 수사 대상자 중 구치소까지 찾아와 A를 접견한 유일한 인물이다. 접견 녹음 파일 등 A와 B 사이의 대화에서 임원 C 등 공범으로 의심되는 사람들의 이름이 수차례 거론되었다. 이들 모두에 대한 압수수색 등 수사를 동시에 진행하는 것은 현실적으로 불가능했다. 선택과 집중이 필요했으며, 우선 A, B, C 세 명에 대한 동시 압수수색을 진행하게 되었다.

이들 중 일부는 A가 체포·구속된 사실을 알게 된 후 자신들에 대한 수사가 진행될 것을 예상했던 것으로 보인다. 누가 명문대생 아니랄까 봐, 실로 대단한 통찰력이다. 동시 압수수색을 성공적으로 집행했으나, 휴대전화 포렌식 결과 이들은 이미 중요 대화 내용 등을 복구되지 않도록 '깨끗이' 삭제한 상태였다. 휴대전화 기종에 따라 다소 차이가 있을 수 있으나, 해당 애플리케이션에서 제공하는 삭제 기능을 이용해 데이터를 삭제하는 경우 포렌식 과정에서 복구되는 사례도 더러 존재한다. 그러나 이들이 삭제한 자료는 대부분 복구되지 않았다. 특정 채팅방을 나가거나 그 채팅방에서 이루어진 대화 내용을 일괄 삭제하는 것에 그치지 않고, 채팅방 자체는 유지하되 그 채팅방에서 이루어진 대화 내용 중 마약 범행과 관련된 부분만을 선별적으로 삭제해 수사에 대비하는 치밀함을 보였다.

나중에 이야기하겠지만, 이들의 이러한 치밀한 휴대전화 데이터 삭제는 대부분 증거 인멸 사유로 인정되어 구속으로 이어졌다. 물론 휴대전화 데이터 자료 삭제 행위 자체만으로 증거 인멸이라고 단정하기는 어렵다. 내 휴대전화에 저장된 데이터의 소유자는 나 자신이기 때문에, 내가 내 물건으로 무엇을 하든 그것은 내 자유이다. 그러나 자신에 대한 수사가 진행 중이거나 진행될 가능성을 미필적으로나마 인식한 상태에서 휴대전화 데이터 중 범행과 밀접한 부분만을 선별적이고 영구적으로 삭제했다면 이야기가 달라진다.

이들을 포함한 수사 대상자는 대부분 초범이었다. 살면서 파출소 문턱조차 넘어본 적 없는 이들이 대부분이었다. 그럼에도 여러 번에 걸쳐 수사를 받아 '닳고 닳은' 범죄자나 할 법한 전문가적인 증거 인멸해 나아간 이유는 무엇일까? 물론 이들의 증거 인멸이 100% 완벽했던 것은 아니었다. 이들이 선별적으로 삭제한 자료는 서로의 휴대전화 자료를 비교·대조해 보면 대부분 밝혀낼 수 있었다. 이들이 한날한시에 모여 휴대전화 자료 삭제 작업을 동시에 진행하지는 않았으니, 각자가 삭제한 자료의 범위가 동일하지는 않았다. 젊은 청춘남녀들이 그렇듯 이들은 모바일 메신저를 통해 많은 대화를 나누었고, 당장 이들 사이에 이루어진 채팅 내용만 보더라도 선별적으로 영구 삭제된 대화 내용의 조각을 맞추는 것이 불가능하지는 않았다.

그러나 수사하는 검사 입장에서는 이러한 비교·대조 작업에 적지 않은 시간과 노력이 소요되었다. 이들의 증거 인멸로 인해 수사에 상당한 장애가 초래된 것은 분명하다. 그리고 비교·대조를 통해서도 끝내 삭제 전 내용을 알아내지 못한 부분도 존재했다. 안타깝게도, 이들에 대한 조사 과정에서 증거 인멸에 대한 반성의 기미를 찾아보기는 어려웠다. 휴대전화 데이터를 선별적·영구적으로 삭제한 사실을 인정하기는커녕, 증거로 명백히 인정되는 기초적인 사실관계조차 쉽게 인정하지 않았다.

재판에서 이루어지는 증인 신문에서 기억에 반하는 내용을 마치 사실인 것처럼 진술하는 경우 위증죄로 처벌받는다. 심지어 명백히 아는 내용을 '모른다'고 답하는 것도 위증에 해당한다. 그러나 검찰 조사에서 기억에 반하는 내용을 사실인 것처럼 진술하더라도, 이를 처벌하는 법조항은 없다. 이 사건 수사 대상자도 이를 알고 있었던 것으로 보인다. 즉, 검찰 조사에서는 일단 부인하거나 모르쇠로 일관해 검찰이 어느 정도까지 증거를 확보했는지 탐색하고, 확보한 증거가 도저히 부인하기 어려울 정도로 명백하다고 판단될 경우 마지못해 자백하는, 이른바 '간보기' 전략을 택한 이들이 대부분이었다.

물론, 검찰이 확보한 증거 자체를 '위법수집증거'라며 그 존재 자체를 애써 부인하는 경우도 있다. 유명 정치인의 부패 범죄 사건에서나 볼 수 있는 행태이다. 해당 증거가 정말로 위법하게 수집되었다면 유죄의 증거로 사용할 수 없다. 하지만, 문제는 해당 증거가 실제로 위법하게 수집된 것인지조차 제대로 파악하지도 않은 채 단순히 자신에게 불리하다는 이유만으로 막연히 위법수집증거라고 주장하는 태도다. 심지어 조사에 동석한 변호인마저 주의를 주었으나, 이에 아랑곳하지 않고 기세등등하게 위법수집증거를 외치는 모습에 실소를 감추지 않을 수 없었다.

이전에도 이 사건 못지않은 충격을 안겨준 마약 사건이 있었으니, 바로 전두환 전 대통령의 손자 전우원 씨의 마약 사건이다. 충격의 핵심은, 마약 범행 그 자체보다는 '전두환 전 대통령 손자'라는 신분과, 전두환 전 대통령 일가의 주류적 태도이른바 '전 재산 29만 원' 설와 대비되는 언행이었다. 아무런 제보나 고발이 없음에도 자진 입국해 자수하고 마약 검사를 받는 등, 수사에 적극 협조하는 모습은 비단 마약뿐 아니라 그 어떤 범죄자로부터도 찾아보기 어려운 이례적인 현상이다.

전우원 씨는 미국의 유명 보딩스쿨기숙학교을 나와 최상위권 경영대학을 졸업한 수재이다. 졸업 후에는 미국 금융권에서 커리어를 쌓는 등 남부럽지 않은 삶을 살아온 그가 마약에 손을 대다니, 나의 눈에는 이 사건과 많은 측면에서 닮은 점이 보였다. 판결문에 확인되는 전우원 씨가 투약한 마약류LSD, MDMA, 케타민, 대마 등도 A 등이 투약한 마약류와 상당 부분 중복된다.

이 사건 수사 대상자 또한 전우원 씨에 버금갈 정도로 충분히 똑똑하고 사리 분별 능력이 뛰어나다. 우리 사회를 이끌어갈 젊은 인재들이 마약범죄에 연루된 작금의 현실은, 준법 의식이라고는 찾아보기 어려운 이들의 민낯을 여지없이 드러낸다.

수사노트

　법죄자가 자신의 휴대전화에서 자신의 범행에 관한 증거를 삭제하는 것은 구속으로 가는 지름길이다. 그러나 증거인멸죄로 처벌되지는 않는다. 증거인멸죄는 타인의 형사사건에 관한 증거를 인멸하는 경우에 성립하기 때문이다. 비난하기 마땅한 행위지만, 법과 도덕의 영역은 엄연히 구분된다.

　그러나 범죄자가 삭제한 증거가 범죄자 자신의 범행에 대한 증거이자, 동시에 타인(공범)에 대한 증거인 경우는 어떠할까? 잘 나가는 명문대생이 한자리에 모여 신나게(?) 마약을 투약했으니, 그 투약 현장을 촬영한 사진이나 모바일 메신저 메시지 등은 자신에 대한 증거이자, 공범들에 대한 증거에 해당한다. 대법원 판례는 이러한 경우 증거인멸죄 성립을 인정한다.

　하나 더. 범죄와 아무런 관련이 없는 제3자가 범죄자의 휴대전화 자료 삭제를 지시(교사)하거나 이를 도운(방조) 경우는 어떠할까? 이 경우 제3자는 증거인멸교사죄나 증거인멸방조죄로 처벌된다. 다만, 그러한 지시나 도움을 받고 증거를 인멸한 범죄자 그 자신은, 인멸 대상 증거가 타인(공범)에 대한 증거에 해당되지 않는 한 처벌되지 않는다.

"팀전이란 말이야.
우리 다 같이 입을 다물어야 해"

이 사건 수사 대상자가 수사에 임하는 태도는 천차만별이었다. 가장 납득하기 어려운 태도를 취한 E는 오래도록 기억에 남을 듯하다. E의 태도는 그야말로 전 세계 수사 대상자가 결코 따라 해서는 안 될 교본과도 같은 최악의 자폭 전략이었다. 수사 초기 E의 혐의 사실은 다른 수사 대상자에 비해 상대적으로 경미한 편이었다. 마약범죄 전과도 없었기에, 범행을 전부 자백하고 단약 의지를 강하게 보인다면 검찰 단계에서 선처도 가능한 상황이었다. 이런 점을 고려해 E의 소환 일정을 기말고사 이후로 배려해 주기도 했다. 그러나 E는 이러한 배려에도 불구하고 최악의 선택을 하고 말았다. 지금도 그 이유를 도무지 이해할 수 없다.

'진료는 의사에게, 약 제조는 약사'에게 맡기는 것이 당연하다. 각 분야마다 전문가의 조언을 구하는 것이 합리적이다. 의약 분야 못지 않게, 전문가의 적절한 상담이 이루어지지 않으면 큰 곤경에 처할 수 있는 것이 바로 법률문제다. 특히 돈으로도 해결할 수 없는 형사사건이라면 더욱 그렇다. 그런데 E는 소환요구를 받은 직후 법률전문가가 아닌 주변 지인과 상의한 끝에, 이른바 '모르쇠' 전략을 택한 것으로 보인다. 물론 그 지인이 평소 변호사 못지않은 법률 지식을 갖췄거나, 최소한 진심 어린 조언을 해줄 만큼 돈독한 관계였다면 그 의견을 참고해 볼 만했을 것이다.

하지만 불행하게도 E가 조언을 구한 지인은 전문적인 지식도, E를 진심으로 위하는 마음도 없었던 것 같다. 이미 A의 체포와 구속 소식을 접한 뒤 나름대로 수사에 대비해 모발 탈색과 염색 등을 시도했던 E는, '모발 등 신체검사에서 마약 성분이 검출되지 않으면 무조건 전부 부인하라'는 조언을 그대로 받아들였다. 그러나 마약 성분이 검출되는 시간적 조건은 매우 제한적인데, 마약 성분 검출 여부보다 더 강력한 증거가 있다는 사실을 전혀 몰랐던 것으로 보인다. 이후 E는 공범에게 '팀전' 운운하며 말을 맞추자고 제안했는데, 이것 역시 앞서 들은 조언의 영향을 받은 행동으로 보인다. E가 남긴 주옥같은 멘트를 소개하자면 다음과 같다.

"팀전이란 말이야. 우리 다 같이 입을 다물어야 해."
"증거는 없을수록 좋은 거야. 우리는 모르면 되는 거야."
"최대한 나의 증거를 저쪽에 넘기지만 않으면 돼."
이런 대화가 정상적인 사고방식과 평균의 양심을 지닌 사람들의 대화로 들릴까?

물론, 결국 말을 맞추는 데 실패하면서 위 '팀전' 운운하는 대화가 만천하에 드러나고 말았다. 그 과정에서 E에 대한 증거인멸 우려는 날이 갈수록 커졌고, 이는 E의 구속을 앞당기는 결과로 이어졌다. E에 대한 첫 조사 이전에 이미 E의 범행을 입증할 명백한 증거가 다수 확보되어 있었다. 수사기관은 충분한 증거를 확보하기 전에는 섣불리 소환에 나서지 않는다. 그러나 아무리 조사 대상자에게 결정적인 증거를 제시하더라도, 이미 모두 부인하거나 모르쇠로 일관할 마음을 먹은 이에게는 그것이 '소귀에 경읽기'일 뿐이다. E에 대한 조사가 바로 그랬다. 심지어 스스로 범행을 인정하는 발언 등 핵심 증거가 주어졌을 때에도, E는 그것이 '단순한 농담'이었다고 하거나, 자신이 한 말조차 '기억나지 않는다'는 등 납득하기 어려운 태도를 보였다. 휴대전화 비밀번호 제공을 거부한 것은 그에 비하면 애교 수준에 불과했다.

E에 대한 조사는 계속 이어졌지만, E는 한 번도 정해진 출석 시간을 지킨 적이 없었다. 심지어 사전 연락도 없이 예정된 출석 시간보다 약 3시간이나 늦게 출석한 적도 있었고, 그마저도 여러 차례 전화로 출석을 독촉한 끝에 겨우 나타났다. 이런 무단 불출석은 주로 수배자에게서나 볼 수 있는 행동으로, 말하자면 구속으로 향하는 급행열차의 맨 앞자리에 올라탄 셈이다. 피의자 신분에서 이런 식의 무단 불출석으로 얻을 수 있는 것은 아무것도 없다. 무단 불출석의 끝엔 체포영장이 기다리고 있는데, 이는 주지하다시피 현직 대통령조차 예외가 아니다. 실제로 체포까지 이르지 않았다 하더라도, 반복된 무단 불출

석은 구속 사유 중 하나인 '도망할 염려'가 있다고 판단될 위험이 크다.

E가 생성형 AI에게 한 번이라도 '나 구속될 것 같아?'라고 물어보았다면**혹은 포털사이트의 지식검색 서비스만이라도 참고했다면** 이런 악수는 두지 않았을 것이다. 실제로 E를 두 차례 조사한 직후 바로 구속영장을 청구했다. 그런데 E는 구속 전 피의자 심문**영장실질심사** 당일에도 사전 연락 없이 늦게 출석해, 예정된 심문 시간이 약 30분 넘게 지체된 상태에서 심문이 진행되었다. 영장전담 판사도 결코 긍정적으로 보지 않을 일이다. 이러한 E의 태도를 한 문장으로 요약하자면, "제발 저를 구속해주세요"라는 표현이 가장 적절하다.

E에 대한 구속영장은 심문이 종료된 지 약 4시간 만에 발부되었다. 법원별 차이는 있겠으나, 적어도 과중한 사건 부담에 시달리는 서울남부지방법원 기준으로 보면 보기 드문 신속한 조치였다.**서울남부지방법원은 서울중앙지방법원 다음으로 사건 수가 많은 지방법원이다.** 보통 구속영장이 청구되면, 구속 전 피의자 심문 종료 후에는 피의자가 인치 장소**관할 구치소 등**에서 구인된 상태로 영장 발부 여부를 기다리게 된다. 피의자의 입장에서는 이 시간이 완전한 희망 고문이라 할 수 있다. 하지만 E는 신속한 영장 발부 덕분에 허망한 희망에 시달릴 시간조차 거의 없이 곧바로 구속되었다. 이쯤 되면 영장전담 판사님께 감사해야 하지 않을까?

블러핑 편지
변기 속 편지

사회에서 누리던 온갖 자유를 갑자기 빼앗기고 좁은 공간에서 낯선 사람들과 불편한 동거를 하게 되면, 누구라도 수단과 방법을 가리지 않고 출소를 간절히 바랄 수밖에 없다. 물론 구치소 생활은 드라마 〈슬기로운 감빵생활〉 등 미디어에서 미화된 모습과는 전혀 다르다. 아무런 죄도 짓지 않았음에도 억울하게 구속된 극히 예외적인 경우가 아니라면, 범행을 강하게 부인하던 피의자도 구속된 이후에는 대체로 자백하거나 피해자와 적극적으로 합의를 시도하는 등 종전과는 다른 태도를 보이기 마련이다.

하지만 E는 달랐다. 자신보다 더 빈번히 마약을 투약한 동아리 회원들이 구속되지 않았다는 점을 내세우며 강한 억울함을 호소했다. "검사와 맞서 싸울 거야", "친구들이라 쓰고 '공범들'이라 읽는다.을 절대 팔지 않을 거야"는 결연한 의지도 여러 차례 확인되었다. 이쯤 되면 수사 검사인 나를 향한 노골적인 도발이나 다름없었다. 구속 이후 진행된 소환 조사에서도 E의 태도에는 별다른 변화가 없었다. 오히려 이제는 더 이상 잃을 것이 없다고 판단했는지, 자신의 수용실에 대한 압수수색을 예상하고 일부러 '거짓 내용의 편지'를 작성하는 방법으로 수사를 교란시키려 했다. 마치 대형 로펌 대표의 아들, 재벌 3세 등 유명인들이 자신과 함께 마약범죄를 저질렀다는 등의 내용인데, E의 속사정을 모르는 사람이라면 충분히 군침을 흘릴 만한 내용이다. E로서는 내가 실적에 눈이 멀어 이런 유명인들에 대한 수사에 욕심을 낼 것이라고 생각했을 수도 있다. 그결과 E 자신에 대한 추가 수사는 뒷전으로 밀리게 되었다. E는 전부 자백으로 입장을 바꾼 후에 위 거짓 편지 내용을 단 한 단어로 요약했다. '블러핑.'

수사를 교란하기 위해 거짓 내용의 편지를 쓸 정도의 수고를 들이지 않은 수사 대상자 중에는, 공범과 나눈 은밀한 편지를 변기에 버리거나 그 내용 보존이 필요한 경우 변기 속에 숨겼다가 들킨 경우도 있었다. 수용실 압수수색을 예상하고 다량의 편지를 변기에 버렸다가 변기가 막혀서 동료(?) 수감자들에게 집단 비난을 받는 웃지 못할 경우도 발생했다. 중요한 내용의 편지일수록 변기 깊숙이 숨기다 보니, 오물이 묻은 증거물^{편지}을 잘 씻어서 스캔해야 하는, 다시는 하고 싶지 않은 일도 생겼다.

블러핑 편지든 변기 속 편지든, E의 '의지'는 오래가지 못했다. 그 무렵 A의 휴대전화에서 E의 추가 범행, 즉 구속영장 기재 범죄사실과는 별개의 마약범죄에 대한 결정적인 증거가 발견되었기 때문이다. E

는 변호인 선임 등 여러 가지 문제로 내적 갈등을 겪고 있었는데, 추가 기소 가능성이 커지자 검사와 맞설 의지를 잃은 것 같았다. 무엇보다, 이 사건에 대한 1차 언론보도 당시 E의 "통화 녹음하고 있는 거 아니지?"와 같은 발언이 언론에 공개되자, 블러핑 편지를 만들어낼 정도였던 E의 의지는 점점 꺾이게 되었다.

"통화 녹음하고 있는 거
아니지?"

이 대목에서 반드시 짚고 넘어가야 할 수사 대상자 F가 있다. E와 F는 E가 구속되기 직전까지 매우 친밀한 관계를 유지했다. F는 E의 구속 전후 수사 상황을 실시간으로 공유받았으며, 구속 당일까지도 끊임없이 연락하며 E의 구속 여부를 확인했다. 구속 이후에는 E의 부모보다도 먼저 E를 접견하고 편지를 주고받았는데, 여기까지만 보면 이들의 관계는 '소울메이트'라 해도 무방할 정도였다.

그러나 정작 F는 E 구속 직후 상장사 임원과 함께 마약을 투약하고, 바로 다음 날 E를 접견하는, 정말 우정 따윈 찾아볼 수 없는 충격적인 행동을 보였다. F의 이러한 기행은 여기서 끝나지 않았는데, F는 자신도 마약범죄 혐의로 압수수색을 당하는 상황에서 E와 주고받은 편지 일부를 자신의 SNS에 게시했다. 그 편지에는 E가 F를 좋은 사람이라고 칭찬하는 내용이 담겨 있었다. 대학생들이 SNS를 통해 자신을 포장하거나 과시하는 것은 흔한 일이지만, 구속 위기에 처한 마약범죄자들이 서로를 칭찬하며 주고받은 편지를, 마치 감성이 묻어나는 눈물겨운 우정의 '손편지'인 양 미화해 SNS에 올린 것이다.

E가 구속된 후 얼마 지나지 않아 이루어진 F에 대한 주거지 압수수색 당시 F는 현장에서 크게 당황하며 심리적으로 무너지는 모습을 보였다. 수사기관 입장에서는 이런 심리변화를 놓칠 수 없다. 아니나 다를까, F는 압수수색 당일 범행을 전부 자백했고, E 등 공범들의 범행을 있는 그대로 진술했다. 물론 압수수색까지 당한 F로서는 지극히 합리적인 선택이다. 심지어 F는, E의 당부(?)에도 불구하고 포렌식 과정에서 휴대전화 비밀번호를 제공하는 등 수사에 전면적으로 협조했다. 그 과정에서 E 등 공범 범행의 결정적인 증거가 확보되었다.

"팀전이란 말이야. 우리 다 같이 입을 다물어야 해"라는 대화 역시 E와 통화한 상대방이 통화녹음을 했기 때문에 공개된 내용이다. 해당 통화녹음에서는 E가 "통화 녹음하고 있는 거 아니지?"라며 우려를 표하는 부분도 있었는데, 나쁜 예감은 언제나 현실이 된다. '소울메이트'를 넘어 '범죄메이트', '마약메이트'로 결합된 관계였지만, 날카로운 수사의 칼날이 들이닥치자 그 관계의 말로는 '각자도생'이다.

"따님을 집에 돌아갈 수 있도록
해주세요"

씩씩하게 검사와 맞서 싸우려던 E도, 부모의 거듭된 설득과 F의 배신(?)에 마음이 흔들렸던 것 같다. 추가 범행에 대한 압수수색이 이루어지고, 영원할 것 같았던 F와의 우정마저 'SNS 편지 게시' 사건으로 금이 가면서**이때까지만 해도 E는 F가 자백한 사실을 알지 못했다**, 작동 시간이 제한된 선풍기 하나에 의지해 구치소의 열대야를 견뎌야 하는 상황을 뒤집기 위한 더 이상의 항전을 포기했다.

나는 검사실에서 E의 부친을 만날 기회가 있었다. E의 부친이 회수한 E의 물건 중 일부에 대한 압수수색 영장을 발부받았는데, 딸이 구속된 부모의 집을 압수수색까지 한다는 것은 인지상정에 비추어 쉽지 않은 선택이었다. 다행히도 E의 부모 집을 압수수색할 필요 없이, E의 부친은 나의 설득에 마음을 바꾸어 직접 해당 물건을 검사실로 제출했다. 사실 E는 부모와의 갈등 등 사유로 인해 자취를 한지 오래였다. 모든 자취생이 그런 것은 아니지만, 이미 마약을 접한 E로서는 자취까지 하게 되니 거칠 것이 없게 되었던 것 같다. **실제로 E가 마약을 매수하고 투약한 장소 중에는 자취집 지하주차장도 있었다.** 딸에 대한 선처를 부탁하는 부친 앞에서 나는 다소 매정하게 들릴 수 있는 말씀을 드렸다.

"따님을 집으로 돌아갈 수 있도록 해주세요."

단순히 거주 장소를 변경하는 것을 넘어, 거의 끊어진 부모와 자식의 유대를 강화하고, 다시는 마약에 손을 대지 않도록 사랑으로 보듬어 달라는 메시지였다. 아무리 성년의 자녀라도 부모와 함께 거주하는 '집'의 의미는, 단순한 주거공간 이상이다. 듣기에 따라서는 훨씬 나이가 어린 나에게 그런 말을 듣는 것이 거북할 수도 있었겠지만, 다행히 그는 나의 진심 어린 조언을 경청했고, 그 길로 E를 접견해 E를 설득하는 데 성공했다.

결국 무너진 E는 변호인을 통해 수사팀에 "태도를 바꾸었으니 신속히 소환해 추가 조사를 해달라"고 부탁했고, 나는 반신반의한 채 E를 소환했다. 이후 이루어진 조사에서 E는 동일인인지 식별이 어려울 정도로 완전히 달라진 태도를 보였다. 그때부터 E의 진술은 '이렇게까지 다 털어놓아도 되나' 싶을 정도로 거침없었다.

마약 사범들이 공적을 세우기 위해 허위나 과장, 혹은 진위를 확인하기 어려운 이른 바, '막던지는' 진술을 하는 경우가 종종 있다. 이들 역시 바보가 아니기에, 추가 입건의 위험이 없는 범위 내에서 애매모호하면서도 주목받을 수 있는 진술을 통해 공적을 세우려 한다. 하지만 수사기관은 이런 진술들의 신빙성과 증거가치를 철저히 검증한다.

공적을 앞세운 진술에 터잡아 이루어진 수사로 무죄가 선고되는 사례도 존재한다.

그렇지만 E의 진술에서는 단순한 '공적 세우기'를 넘어서는 강한 진정성이 확인되었다. 그동안 전면 부인했던 사실관계를 모두 인정했을 뿐 아니라, 나도 전혀 파악하지 못했던 새로운 내용까지 털어놓았다. 특히 E와 함께 마약을 매수하고 투약했던 상급종합병원 임상강사 G에 관한 내용도 포함되어 있었다. E는 G에 대해 진술할 지 여부를 깊이 고민한 흔적이 역력했다. 비록 마약으로 얼룩진 관계였지만, E와 G의 사이가 각별했음을 짐작할 수 있었다. 하지만 아무리 각별한 사이일지라도 구속과 형사처벌의 압박 앞에서는 더 버티기 어려웠던 모양이다. 결국 E는 각별한 사이였던 G 등에게 불리한 내용까지 진술할 정도로 태도를 완전히 바꾸었다.

그렇다면 E가 이처럼 태도를 전환한 결정적 이유는 무엇이었을까? 물론 부친의 진심 어린 설득이 가장 큰 원인이었겠지만, 냉정히 따져 보면 이는 지극히 합리적인 선택이다.

대법원 양형위원회가 정한 마약범죄 양형기준을 보면, 투약·단순 소지·매매·알선 등 범행의 종류와 관계없이 중요한 수사 협조와 일반적 수사 협조를 형 감경 요소로 규정하고 있다. 수사에 협조하는 경우 형을 감경하는 유리한 요소로 참작하되, 협조의 정도에 따라 감경 수준을 달리 적용하겠다는 의미이다. 우리나라 법제는 공식적으로 유죄협상제도^{플리바게닝}를 인정하지 않지만, 양형기준을 통해 자수나 제보 등 수사 협조에 대한 유인을 제공하고 있다.

양형기준(마약류 투약 · 단순소지 등)

구분		감경요소	가중요소
특별양형인자	행위	• 범행가담 또는 범행동기에 특히 참작할 사유가 있는 경우 • 미필적 고의로 범행을 저지른 경우	• 범행동기에 특히 비난할 사유가 있는 경우 • 피지휘자에 대한 교사 • 취급한 마약류의 가액이 매우 큰 경우
	행위자/기타	• 청각 및 언어 장애인 • 심신미약(본인 책임 없음) • 자수 **중요한 수사협조**	• 상습범인 경우 • 동종 전과(3년 이내 금고형의 집행유예 이상)
일반양형인자	행위	• 소극 가담	• 학교 부근 등 특별한 보호가 필요한 장소에서 범행을 저지른 경우
	행위자/기타	• 심신미약(본인 책임 있음) • 마약중독자의 자발적 적극적 치료의사 • 형사처벌 전력 없음 **일반적 수사협조**	• 범행 후 증거은폐 또는 은폐 시도 • 동종 전과(3년 초과 10년 이내 금고형의 집행유 예 이상) 또는 이종 누범

*출처 : 대법원 양형위원회 공식 누리집

양형기준(마약류 일반 매매 · 알선 등)

구분		감경요소	가중요소
특별양형인자	행위	• 범행가담 또는 범행동기에 특히 참작할 사유가 있는 경우 • 투약.단순소지 등을 위한 매수 또는 수수 • 미필적 고의로 범행을 저지른 경우	• 조직적 또는 전문적 범행 • 조직적 범행을 주도한 주모자나 그에 준하는 경우 • 범행동기에 특히 비난할 사유가 있는 경우 • 피지휘자에 대한 교사 • 취급한 마약류의 가액이 매우 큰 경우 • 불특정 또는 다수의 상대방을 대상으로 하거나 상 당한 기간에 걸쳐 반복적으로 범행한 경우
	행위자/기타	• 청각 및 언어 장애인 • 심신미약(본인 책임 없음) • 자수 **중요한 수사협조**	• 상습범인 경우(1, 2유형) • 동종 전과(3년 이내 금고형의 집행유예 이상)
일반양형인자	행위	• 소극 가담	• 학교 부근 등 특별한 보호가 필요한 장소에서 범행을 저지른 경우
	행위자/기타	• 심신미약(본인 책임 있음) • 형사처벌 전력 없음 **일반적 수사협조**	• 범행 후 증거은폐 또는 은폐 시도 • 동종 전과(3년 초과 10년 이내 금고형의 집행유 예 이상) 또는 이종 누범

*출처 : 대법원 양형위원회 공식 누리집

한때 검사와 맞서 싸울 정도의 기개를 보였던 E는, 결국 수사 협조를 통해 형량을 감경받는 합리적인 선택을 했다. 이는 마치 트럼프를 겨냥해 혐오에 가까운 발언을 쏟아내던 미국의 빅테크 CEO가, 정작 트럼프가 대통령에 당선되자 취임식에 천문학적인 금액을 기부하며 태세를 전환하는 모습과도 유사하다. 이후 확보된 증거로 E의 진술을 검증한 결과, 허위나 과장은 전혀 발견되지 않았다. 이에 따라 앞서 언급한 감경 요소인 '중요한 수사 협조'가 충분히 인정될 만했다. 다만 어떠한 수사 협조를 하더라도, 가장 좋은 방법은 애초에 마약에 손을 대지 않는 것이다. 설령 수사를 받더라도, 정말 무고해 괜한 의심을 받는 것이 아니라면 수사 초기부터 혐의를 인정하고 단약 의지를 명확히 보이는 것이 바람직하다. 아무리 외양간을 잘 고친다 해도, 이미 소를 잃은 뒤라면 늦은 셈이다.

> **수사노트**
>
> 완벽하게 말을 맞추는 것이 가능할까? 대질신문을 제외하고, 공범들이 동시에 신문을 받거나, 다른 공범의 진술을 실시간으로 확인하는 경우는 찾아보기 어렵다. **애초에 뜻을 같이하는 공범이라면 대질신문을 할 이유도 없다.** 그러므로 아무리 '도원결의'에 필적할 맹약을 했더라도, 다른 공범이 사실대로 진술하는 순간 나만 거짓말쟁이가 되는 것이다. '죄수의 딜레마'가 따로 없다.
>
> 실제로 사건에서는 완벽하게 말이 맞춰지는 경우를 찾기 힘들다. 인간은 본질적으로 불완전한 존재이다. 아무리 조사 예행연습을 반복하더라도, 공범들의 진술에는 모순이나 불일치가 발생하기 마련이다. 노련한 수사관은 그 작은 틈을 파고

들어 진술 전체를 분열시킨다. 때로는 회유를 통해 공범들 사이를 이간질(?)시키는 전략을 펼친다. 누군가는 먼저 무너진다. 이쯤 되면, 자백은 '지능순'이다.

3장
수사의 결실

다크나이트의
선물

수사는 기본적으로 임의수사와 불구속 수사를 원칙으로 한다. 마약 수사 역시 예외는 아니다. 이 사건의 수사 대상자 대부분은 초범이었다. 일반적으로 초범의 경우 구속되는 사례가 드물며, 불구속 기소가 되더라도 실형이 선고될 가능성은 높지 않다. 그러나 일부 수사 대상자는 이미 다른 범죄로 실형을 선고받고 출소한 지 3년이 지나지 않은 누범이었다. 비록 그 범죄가 마약과는 무관했으나, 죄질이 매우 불량했다. 만약 이 사건으로 추가 입건될 경우, 누범 가중처벌을 피하기 어려운 상황이었다.

초범 수사 대상자 중 범행을 부인하며 휴대전화 저장 자료를 선별적 또는 영구적으로 삭제한 이들은 설마 구속될 것이라 예상하지 못했던 듯하다. 아니, 아예 처벌받지 않을 것이라 기대했을지도 모른다. 특정 휴대전화 기종과 특정 애플리케이션을 제외하면, 데이터를 삭제

하더라도 대부분 포렌식 과정에서 복구되는 것이 일반적이다.

이를 위해 이른바 '안티포렌식Anti-forensic' 앱이 등장했다. 이 앱을 이용하면 특정 데이터를 포렌식 과정에서 복구되지 않도록 영구적으로 삭제할 수 있다. '디지털 파쇄기'가 따로 없다. 이 사건 수사 대상자 중에도 안티포렌식 앱을 사용해 카카오톡 메시지 등을 삭제한 경우가 있었다. 그러나 결국 구속을 피할 수 없었는데, 안티포렌식 앱을 설치하면 데이터는 영구적으로 삭제할 수 있을지 몰라도, 앱 설치 흔적 자체는 남기 때문이었다.

안티포렌식 앱을 사용해서 데이터를 삭제한 정황 자체가 구속사유인 '증거인멸의 우려'가 되는 것이다. 안티포렌식 앱으로 삭제한 데이터의 내용 자체는 알 수 없게 되었지만, 그 데이터 내용의 경중과 상관없이 안티포렌식 앱 사용 정황은 수사기관 입장에서는 '계획적인 증거인멸'로 구성하기 안성맞춤이다. 이 사건 수사 대상자 뿐 아니라, 적지 않은 범죄자들이 안티포렌식 앱을 사용했다가 구속을 면하지 못했다. 이쯤 되면, 안티포렌식 앱은 '다크나이트'의 선물이 아닐까?

그러나 역시 명문대생은 달랐다. 일부 수사 대상자는 안티포렌식 앱 설치 흔적이 남는다는 점에 착안해, 안티포렌식 앱을 설치하지 않고 자신이 직접 휴대전화의 모든 데이터를 검토해 가며 그중 범죄와 관련된 부분을 선별, '영구적'으로 삭제했다. 이러한 작업은 상당한 집중력과 많은 노동력을 요구한다. 범죄를 조장할 우려가 있으므로 구체적인 내용은 언급하기 어렵지만, 아무리 명문대 학생들이라고 해도 대부분은 학부 초년생 수준이기에 이러한 증거인멸 방법을 처음부터 상세히 알기는 어렵다.

데스크톱 PC보다 스마트폰 사용에 익숙한 세대여서인지, 이런 증거인멸을 포함해 특히 마약범죄 수사 대비법을 알려주는 텔레그램 채널이 성행하고 있다. 수사 대상자는 해당 채널을 통해 수사 대비법을 학습하고, 이를 곧바로 실전에 적용한 것으로 보인다. 실제로 이 전략은 수사 초기에는 일정한 효과를 거두었다. 분명히 A와 사이에서 수회에 걸친 마약대금으로 의심되는 금전거래가 존재하는데, 휴대전화에서는 마약 관련한 자료가 전혀 확인되지 않았고, 안티포렌식 앱 설치 흔적도 찾아볼 수 없었다. 자연스럽게 이들에 대한 수사는 뒤로 밀리게 되었는데, 여느 수사가 그렇지만 '공판 검사의 마약 수사'는 한정된 시간과 자원을 최대한 효율적으로 활용해야 한다. 수사의 우선순위에서 뒤로 밀리는 순간 수사망을 빠져나갈 우려가 높아진다. 이 사건처럼 공범들이 많고, 도대체 그 공범관계가 어디까지 뻗어나간 건지 예측하기 어려운 사건에서는 수사의 속도가 느려지는 순간 공범간 말 맞추기, 휴대전화 데이터 삭제, 신체검사 검출기간 도과 등으로 인해 있는 증거도 휘발되기 쉽다.

이처럼 수사대비 방법을 알려주는 텔레그램 채널만 있으면 어떤 범죄를 저질러도 걸리지 않을 것처럼 보이지만, 현실은 냉혹하다. 아무리 정교한 '악마의 편집'을 통해 중요 데이터만 선별적으로 삭제하더라도, 삭제 흔적이 완전히 덮일 것이라는 기대는 덮어야 한다. 이 사건에서도 마찬가지였는데, 대부분의 데이터는 생성·저장 시점이 분초 단위까지 특정되므로, 정밀한 검증을 통해 삭제 흔적을 발견하는 것은 어렵지 않다. 공범 각자가 삭제한 데이터의 범위가 100% 일치하기도 어렵다. 일대일 채팅방에서 한쪽이 열심히 데이터를 삭제했더라도 상대방이 삭제하지 않아, 마치 퍼즐처럼 데이터의 합을 맞춰보는 과정에서 삭제행위가 드러나기도 했다. 조별과제를 하듯 모든 공범들이 한자리에 모여 일사분란하게 데이터를 삭제했으면 좋았으련만(?), 이 사건 수사 대상자 중 그 정도로 철저하게 수사에 대비한 사람은 없었다. 그나마 최소한의 양심은 있었나 보다.

A는 다른 수사 대상자와 달리 수사에 대비할 시간조차 없이 현행범으로 체포되었고, 체포 현장에서 휴대전화와 노트북을 압수당했다. 다른 수사 대상자가 아무리 수사에 대비하더라도, '황금폰'이 될 A의 휴대전화에서 어떤 내용이 나올지는 알 수 없는 상황이었다. 실제로 A는 또래의 내로라하는 사교모임(?)에서 꽤 유명한 인물이었으며, 그의 구속 소식은 동아리 울타리를 넘어 빠르게 퍼져나갔다. 수사 대상자는 A가 구속된 이후 이듬해까지 겉으로는 평범한 대학생활을 이어갔지만, 속으로는 자신 역시 A와 같은 처지가 될 수 있다는 불안감을 안고 지낸 것으로 보인다. 불안한 예감은 언제나 틀리지 않는다. 이 사건도 마찬가지였다.

수사노트

꼬리가 길면 잡힌다. 제아무리 안티포렌식 앱을 열심히 활용하더라도, 안티포렌식 앱 자체의 설치나 그 활동 내역만을 별도로 추적하는 포렌식 기술도 존재한다. 마치 '화이트 해킹'처럼 말이다. 그리고 안티포렌식 앱으로 모든 증거를 완벽히 삭제하는 것도 말처럼 쉽지 않다. 자신의 휴대전화에 어떤 증거가 있는지 세세히 아는 사람이 얼마나 될까? 그러니 어쭙잖게 안티포렌식 앱을 설치하는 경우 그 설치 사실만으로도 구속사유만 추가될 뿐, 수사의 칼을 피하기 어렵다.

황금폰과 SNS

현대 사회에서 휴대전화는 말 그대로 사생활의 집약체다. 과거에는 수기로 작성된 메모, 일기장, 업무수첩 등을 샅샅이 뒤져야 겨우 알 수 있었던 내용을, 휴대전화만 압수하면 간단한 키워드 검색으로 신속하게 확인할 수 있다. 최근 화제가 된 여러 사건에서는 주요 인사들의 치부가 담긴 '황금폰'이 큰 주목을 받았다. 이 사건의 '황금폰'은 다름 아닌 A가 현행범으로 체포될 당시 압수된 휴대전화였으며, 포렌식을 통해 어떤 내용이 나올지 알 수 없는 상황이었다.

경찰은 A의 휴대전화에 대한 포렌식을 진행하지 않은 채 검찰에 송치했는데, 수사 초기부터 이를 신속하게 실시했다면 더 많은 실체관계를 밝혀낼 수 있었을 것이라는 아쉬움이 남는다. 이는 경찰의 업무를 비난하려는 취지가 아니다.

A는 구속된 상태에서 포렌식 선별·탐색 과정에 '본인 참여'를 강

력히 주장했으나, 수용자 소환권이 없는 경찰로서는 경찰관서 내에 설치된 포렌식 참관실로 A를 데려올 방법이 없었을 것으로 보인다. A 또한 자신의 휴대전화가 '황금폰'임을 누구보다 잘 알고 있었기에, 수 사기관이 어떤 자료를 가져가는지 직접 확인하고자 했을 것이다. 이 러한 팽팽한 줄다리기 상황 속에서 검찰이 A의 휴대전화 등에 대한 포렌식을 개시하자, 판도라의 상자가 열리듯 중요한 내용들이 드러 나게 되었다.

비록 A가 수사에 대비할 시간도 없이 체포되어 휴대전화 등이 압 수되었지만, 평소 일정 수준의 방어 조치는 해 두었던 것으로 보인 다. 앞서 언급한 안티포렌식 앱 설치와 텔레그램 메시지 자동삭제 기 능 활성화 등은 '수사대비 교본'이라 불러도 될 만큼 철저했다. 휴대 전화를 이용해 보안에 민감한 업무 연락을 주고받는 직업인들도 비 슷한 경우가 많은데, A는 한 번도 취업이나 창업을 하지 않았고, 대학 원에서도 장기 휴학 끝에 제적된 상태에서 동아리 활동에만 몰두했 던 터라, 이러한 조치는 결국 마약범죄 등 수사를 대비하기 위한 의도 로 보인다. 그러나 A가 놓친 것이 하나 있었는데, 그것이 이후 A는 물 론 동아리 외부 인물들에 대한 수사에도 동력을 제공한 중요한 증거 가 되었다.

스마트폰은 참으로 신기한 존재다. 기억조차 나지 않는, 내가 했던 거의 모든 경험을 사실 그대로 기록해 둔다. 잊고 싶은 기억은 쉽게 사라지지 않지만, 스마트폰을 통해 이루어진 경험은 휴대전화를 완 전히 파기하지 않는 한 요즘은 심지어 불태운 휴대전화조차 추락한 비행기의 블랙박스처럼

텔레그램 '비밀대화' 기능

포렌식이 가능한 경우도 있다. 무서울 정도로 정확하게 따라다닌다. 이런 이유로 많은 이용자들이 메시지 자동삭제 기능을 지원하고, 서버에 대화 내용의 흔적을 남기지 않는 텔레그램 등 보안성이 강화된 메신저 앱을 사용한다. 그러나 아무리 텔레그램의 비밀대화 기능을 이용해 메시지를 자동삭제하더라도, 그 메시지가 스마트폰에 그대로 남아 있다면 어떻게 될까?

A의 스마트폰에는 '메세지 몰래보기' 앱이 설치되어 있었다. 대부분의 스마트폰 메신저는 상대방이 메시지를 읽었는지 여부를 확인할 수 있는 기능을 제공하는데예를 들어 카카오톡의 경우, 읽으면 숫자 '1' 표기가 사라진다. 텔레그램 앱에서 이미 삭제되어 확인할 수 없었던 마약 관련 메시지가 앱에는 그대로 남아 있었다. 평소 텔레그램 메시지 자동삭제 기능과 안티포렌식 앱 설치 등으로 수사에 철저히 대비해 온 A였지만, 이 '메시지 몰래보기' 기능이 오히려 자신과 공범들의 목을 죌 줄은 전혀 예상하지 못했을 것이다. 물론 이 기능으로 확인 가능한 것은

'메세지 몰래보기' 앱

*출처 : 텔레그램 공식 누리집

수신 메시지에 한정되었으니 포렌식으로 복원한 것은 '반쪽자리' 대화다. 하지만, 마치 퍼즐을 맞추듯 다른 증거와 조합해 본 결과 수신 메시지만으로도 A와 공범들의 마약 범행 전모를 충분히 파악할 수 있었다.

'메시지 몰래보기' 기능은 말 그대로 메신저 대화 상대방이 자신이 보낸 메시지를 읽었는지 확인하지 못하게 하는 기능이다. '관음증'을 기술적으로 구현한 형태로 보인다. 어차피 대화를 이어갈 것이라면 굳이 이렇게까지 해야 하나 싶지만, 일반인과는 약간 다른 사고방식과 생활 패턴을 지닌 A에게는 꼭 필요한 기능이었던 듯하다. A 등의 마약 범행 관련 텔레그램 메시지 중 거의 절반이 이 기능 덕분에 남아 있었다는 사실을, A는 물론 텔레그램 대화 상대방이나 그 대화에 언급된 공범들조차 전혀 알지 못했다. A의 체포와 휴대전화 압수 사실이 이미 공공연한 비밀이 되었음에도, 이 공범들은 검찰이 A의 텔레그램 메시지를 확보하지 못했을 것이라는 전제 하에 행동한 것으로 보인다. 실제로 이들의 은밀한 마약 대화가 끝내 공개되지 않았다면, 지금까지도 범행의 전모는 영영 드러나지 못한 채 묻혔을지도 모른다. 역시 '황금폰'은 '황금폰'이었다.

스마트폰에 남겨진 이들의 흔적은 스마트폰을 통해 접속하는 SNS까지 이어졌다. 이번 사건의 동아리 인스타그램 계정은 예상보다 많은 정보를 담고 있었다. 한때 연합동아리 회원 수 기준 전국 2위에 오를 정도로 규모가 컸기 때문에 팔로워 수도 상당했다. 팔로워들은 일부 상업계정을 제외하면 대부분 열성 회원들의 계정으로 보였는데, 이들은 자신을 꾸미고 표현하기 좋아하는 개성 강한 MZ세대답게 인스타그램에 다양한 게시물을 올리고 있었다. 동아리 인스타그램 계정 역시 신규 회원을 모집하기 위해 동아리 모임 사진과 영상을 다수 게시했다. 수사팀으로서는 수사 대상자가 언제, 어디서, 누구와 무엇을 했는지 등 구체적인 정보를 얻을 수 있는 '노다지'였다. 알렉스 퍼거슨 경의 명언 "SNS는 인생의 낭비다"가 도대체 언제까지 회자될지 궁금할 정도다.

비록 동아리 인스타그램에 게시된 사진·영상 대부분은 얼굴을 모자이크 처리했지만, A의 차량, 동아리 모임 장소로 사용된 서울 역세권 아파트, 고급 호텔 등 수사에 필요한 단서는 충분했다. 이런 상황에서 수사 대상자의 웬만한 거짓말은 인스타그램 계정 분석 선에서 대부분 정리되었다. 한때 멋진 동아리의 일원으로 강한 소속감을 느꼈겠지만, SNS가 도리어 스스로를 옥죄는 결과가 될 줄 누가 알았겠는가.

<h2 align="center">동아리 공식 인스타그램 계정</h2>

*출처 : 인스타그램 앱

2024년 8월 5일 남부지검에서 이루어진 이 사건 언론 브리핑에 관한 첫 보도가 각종 단체 카카오톡 대화방과 커뮤니티 등을 타고 순식간에 퍼지자, 해당 동아리 인스타그램 계정은 5G급 속도로 비공개 처리되었다가 이내 계정 자체가 삭제되었다. A가 구속된 후에도 적지 않은 시간이 지났음에도 다른 임원급 회원이 위 인스타그램 계정을 실시간으로 관리하고 있었던 것으로 보인다. 그러나 이미 수사에 필요한 인스타그램 자료는 캡쳐 등을 통해 모두 확보한 상태였다.

위 동아리에서 이루어진 모든 활동을 마약과 관련된 것으로 싸잡아 매도할 수는 없을 것이다. 분명 마약 근처에도 가보지 않은 동아리원들도 적지 않았을 것이다. 이들이 이번 사건 수사와 언론보도로 불필요한 피해를 입지는 않았을까 우려된다. 누군가에게는 다시 돌아오지 않을 대학 시절의 소중한 추억이 마약으로 더럽혀졌다. 이들과 마찬가지로 대학 시절 연합동아리 활동에 전념했던 사람으로서 쓸쓸함을 넘어 서글퍼지는 대목이었다. 이 사건의 주범 A, 그리고 그와 함께 동아리를 통해 마약에 손을 댄 이들은 처벌 여부를 떠나, 한때 함께 웃고 떠들었던 동년배들의 추억을 더럽힌 점에 대해 평생 반성해야 마땅하다.

기술의 진보는 일상의 편리성을 높이는 방향으로 이루어진다. 학창시절에 스마트폰이 존재하지 않았던 분들이 적지 않을 것이다. 그러나 이제는 젊은 피의자들, 특히 소년사건이나 **학폭학교폭력** 사건에서 가장 중요한 수사기법이 바로 SNS 수사가 되었다. 마치 블랙박스 보급이 대중화된 이후, 교통사고 수사에서 블랙박스 수사가 가장 기초적인 수사기법이 된 것과 마찬가지이다.

한 가지 웃지 못할 일은, 이 사건에서 피의자들의 동선을 파악하는 방법 중 하나로 SNS 수사 뿐 아니라, '배달 앱'을 통한 배달음식 주문 경로를 확인하는 것이었다. "나는 그날 동아리방에 가지 않았어요"라며 전면 부인하는 피의자에 대한 수사에서는, 그가 사용하는 휴대전화 배달 앱에서 '마라탕'을 주문해 먹은 내역이 큰 도움이 되었다. 이러한 주문 내역을 제시받자 그는 "엄마가 내 휴대전화를 사용했다"며 뻔뻔하게 오리발을 내밀었지만, '리뷰 이벤트'에 참여하기 위해 동아리방 바닥 장판이 선명하게 확인되는 '인증샷'을 남긴 내역 앞에서는 결국 무너졌다.

범죄 선물 세트
 = 마약 + 운전

수사 대상자 중에는 자차를 운행하는 자들도 있었다. A가 그 대표격이었는데, A가 운행하던 여러 차량 중 SUV는 뒷좌석을 드러내어 승차 정원5명보다 더 많은 인원을 태우고 다녔다.뒷좌석을 드러내고 매트를 깔았기 때문에 '태운다'는 표현이 맞는지는 의문이다. 그런데 A는 승차 정원보다 많은 회원들을 태우고 다닌 것에 그치지 않고, 주차된 차량의 뒷공간에서 수회에 걸쳐 단체로 마약을 투약했다. 타인의 시선을 피하고, 어디든지 이동이 가능하며, 투약에 필요한 음료, 껌MDMA의 경우 투약의 부작용인 턱 부위 통증을 완화하기 위해 껌을 씹는다. 등 물건을 쉽게 보관할 수 있다는 장점이 있었다. 실제로 A의 차량을 수색한 결과, 차량 뒷공간에 설치된 수납공간에서 물, 에너지드링크, 소주, 돗자리, 전자담배 기기 등 다양한 물건이 확인되었다.

A는 차량 안에서, 혹은 차량을 주차해 둔 뒤 인근 클럽에서 마약

을 투약한 후 다시 운전대를 잡기도 했다. 당연히 A가 정상적으로 운전했을 리 없다. A의 주된 범행이 집중된 2023년, A가 운행한 차량에 부과된 교통 범칙금과 과태료는 수백만 원에 달했다. 모든 교통법규 위반이 마약과 직접 관련이 있다고 단정할 수는 없지만, 마약의 종류에 따라 투약 효과가 장시간 지속되는 경우가 있어 A의 운전에 마약의 영향이 완전히 배제되었다고 보기도 어렵다. 실제로 A가 운전하는 차량 뒷좌석 공간에 탑승한 동아리 회원들은, A가 과격하게 운전해 생명의 위험을 느꼈다고 진술했다. 물론, 애초에 뒷좌석을 드러낸 차량의 뒷공간에 자발적으로 탑승한 것 자체도 비난을 피할 수 없는 부분이다.

마약 투약 직후 운전에 나선 것은 A만이 아니었다. 40대 상장사 임원 I는 20대 여대생 F와 함께 필로폰을 투약한 직후 고급 외제차를 타고 강변북로 등 서울 밤거리를 질주했다. I는 조사 당시 마약 투약 후 운전한 뚜렷한 이유를 밝히지 않았는데, 조사 시점 기준 I의 마약 투약 및 운전은 불과 두 달 전이었다, HI가 이렇게 두 달 전의 일조차도 제대로 기억하지 못하는 것은 그만큼 마약으로 인한 환각 효과가 강했다는 것을 방증한다. 나중에 다른 증거로 확인한 결과, HI는 필로폰을 투약할 주사기가 떨어지자 평소 자신이 거래하던 24시간 운영하는 약국에서 주사기를 구입하기 위해 투약 후 운전에 나선 것이었다.

마약을 투약한 뒤 수술에 나선 상급종합병원 의사 G는, 술을 마신 후 새벽 시간대에 서울 동쪽에서 서쪽까지 수십 킬로미터를 왕복으로 달렸다. 그 운전 목적은 더욱 황당했다. '띠동갑' 여성과 함께 술을 마신 뒤, A로부터 마약을 사기 위해 그 여성을 차량에 태우고 A의 주거지 근처까지 이동했던 것이다. 말 그대로 '음주운전 + 마약 매수'라는 종합 범죄 세트였다. 자신보다 어린 사람의 불법을 엄히 훈계하기는커녕 이에 가담한 G의 행위도 명백히 비난받아야 하지만, 음주운전자의 차량에 자발적으로 탑승해 마약을 사러 간 그 여성 또한 아무리 나이가 어리더라도 비판을 피하기 어렵다. 마음에 드는 중고 물건을 거래하기 위해서도 새벽에 서울의 양 끝을 오가는 일은 쉽지 않은데, G는 음주운전을 감행해 마약을 매수한 뒤 그날 바로 이를 투약하고 수술에 참여했다. 웬만한 의지와 체력이 아니면 엄두조차 내지 못할 행위였다.

마약범죄의 무서움은 그 자체의 불법성을 넘어, 또 다른 중대한 범죄로 이어질 위험성이 크다는 점에 있다. 특히 마약을 투약한 뒤 운전하는 행위는 '음주 또는 약물의 영향으로 정상적인 운전이 어려운 상태에서 자동차 등을 운전해 사람에게 상해나 사망에 이르게 하는 행위'를 처벌하는 특정범죄가중처벌법 위반 **위험운전치상, 위험운전치사** 죄로 발전할 가능성이 매우 높다. 이는 마약 투약으로 인한 신체적·정신적 건강 피해뿐만 아니라, 그 상태에서 벌어지는 또 다른 범죄 행위가 타인의 인생을 송두리째 앗아갈 수 있음을 의미한다. 만약 마약 투약 후 교통사고로 인해 인명 피해가 발생하고, 이로 인해 경합범**별개의 독립된 복수의 범죄**으로 처벌받는 상황이 된다면, 설령 초범이라 하더라도 장기간 실형을 피하기 어렵다. 따라서 마약범죄는 단순한 약물 사용을

넘어 사회 전반에 심각한 위협을 가하는 범죄임을 분명히 인식해야
한다.

특정범죄 가중처벌 등에 관한 법률

제5조의11(위험운전 등 치사상) ① 음주 또는 약물의 영향으로 정상적인 운전이 곤란한 상태에서 자동차등을 운전해 사람을 상해에 이르게 한 사람은 1년 이상 15년 이하의 징역 또는 1천만원 이상 3천만원 이하의 벌금에 처하고, 사망에 이르게 한 사람은 무기 또는 3년 이상의 징역에 처한다. 〈개정 2018. 12. 18., 2020. 2. 4., 2022. 12. 27.〉.

수사노트

약물운전은 음주운전에 가려져 그 위험성이 과소평가되는 측면이 있다. 그런데 약물운전으로 처벌받는 경우가 의외로 많은데, 바로 수면내시경 후 운전하는 경우이다. 검진기관에서 수면내시경 후 귀가 시 절대로 운전하지 말 것을 당부하기 때문에, 귀가 당시 운전을 하는 경우는 많지 않다. 그러나 속칭 '숙취운전'처럼, 수면마취의 효과가 지속되는 상황에서 운전을 하다가 사고를 내는 경우가 은근히 많다. 보통 건강검진을 위해 온전한 하루 휴가를 내다보니, 아침에 건강검진을 마치고 오후에 나들이를 가는 경우 이런 불상사가 많이 생긴다.

그 외에도 신경정신과 약물을 복용하고 그 효과가 지속되는 상태에서 운전하다가 사고를 내는 경우도 적지 않다. 모

연예인이 공황장애 약을 먹고 운전을 하다가 단속된 사례도 있었다. 이런 경우는 대개 그 운전경위 등을 참작해 처벌하지 않거나, 처벌받더라도 가장 약한 정도의 처벌에 그치는 경우가 대부분이다. 사상사고가 발생한 경우는 예외이다. 물론 I와 마찬가지로 필로폰과 같은 향정신성의약품 투약 후 그 각성효과를 주체하지 못한 상태에서 강변북로를 질주하는 것에는 참작할 사정도 없다. 어느 경우가 되었든, 약물운전은 범죄다.

4장
재판의 시작

지연된 정의는
정의가 아니다

　　　　수사 초기에는 A를 비롯한 수사 대상자를 한꺼번에 법정에 세우는 것을 목표로 했다. A를 중심으로 이루어진 마약 매매와 공동 투약이 사건의 핵심이었으므로, 대부분의 쟁점이 공통되었기 때문이다.

그러나 수사를 진행할수록 범행은 마치 까도 까도 또 나오는 양파처럼, 새로운 사실들이 계속 드러났다. 마약범죄의 특성상 특정인이 단독으로 범행하는 경우는 드물다. 매매의 경우 반드시 거래 상대방이 존재하고, 투약의 경우에도 함께 투약하는 경우가 다반사이기 때문이다. 당초 예상보다 수사가 길어지면서, 중간중간 구속 피의자가 늘어남에 따라 구속 기간 문제로 부득이 사건을 여러 건으로 나누어 기소하게 되었다. 관할 법원인 서울남부지방법원에서도 사건 배당을 두고 고심이 있었을 것이다.

수사 대상자가 많고 공소사실이 여러 개인 복잡한 사건의 공판을 효율적으로 진행하기 위해서는, 검사와 변호인이 재판부의 소송 지휘에 적극 협조해 재판 지연을 방지해야 한다. 의견 제시나 증거 제출이 늦어지고, 증인이 불출석한다면 재판은 불필요하게 늘어지게 된다. 재판부와 검사, 변호인은 물론, 재판을 받는 당사자인 피고인조차 재판 지연으로 인한 피해에서 자유로울 수 없다.

그런데 최근 일부 형사사건에서는 피고인 측이 구속 기간 만료를 유도하거나, 피고인이 공직을 유지할 수 있도록 하거나, 사회적 관심이 완화되기를 기다리는 등의 목적을 위해 재판 지연 전략을 사용하는 경우가 있다. 예컨대 공판기일 직전에 변호인을 새로 선임하거나, 공판 도중 갑작스레 변호인을 사임시키거나, 검사가 제출한 증거를 전부 부동의해 다수의 증인을 신문하게 만드는 방식이다.

또 소송법상 가능한 온갖 절차 신청**예: 기피 신청 등**을 남발하는 경우도 있다. 물론 이는 성실히 재판에 임하는 절대다수 피고인에게서 찾아보기 어려운, 극히 일부의 예외적인 사례다. 그러나 검사로서는 이러한 가능성까지 염두에 두고 재판 전략을 세워야 한다. 지연된 정의는 정의가 아니다.

A는 수사 단계에서부터 조사에 불출석하는 등 재판 지연 전략을 염두에 둔 것으로 보였다. 다행히 A의 가족과 변호인이 합리적으로 판단한 덕분에, 별다른 지연 없이 수사가 진행될 수 있었다. 만약 A의 지연 전략이 현실화되었다면, 결국 체포되어 검사실로 강제로 끌려오는 불상사가 벌어졌을 것이다. 그러나 재판 단계에 이르러 A는 공판

절차를 최대한 늦추려는 전략을 다시 펼쳤다. 이에 맞서 나는 A의 시도를 단호히 저지하기 위해 이를 갈며 재판을 준비했다.

그러던 중, 내가 기소한 첫 번째 사건의 공소 제기일로부터 약 석 달이 지난 2024년 10월 하순경, A가 마약과 무관한 일부를 제외한 모든 공소사실을 자백한다는 변호인 의견서를 접하게 되었다. A가 결국 대부분의 범행을 인정하고 반성의 뜻을 밝힌 점은 평가할 만하다. 그러나 그 반성이 수사 개시로부터는 약 6개월, 재판 시작으로부터는 약 3개월이 각 지난 시점에서야 이루어졌다는 사실은, 나로 하여금 쓴웃음을 짓게 했다.

재판 시작 후에는 쉽게 넘어갈 수 없는 부분이 있었는데, 바로 '수사 개시 및 공소 제기 위법성' 주장이다. 비법조인 눈높이에서 간단히 정리하면, A는 다음과 같이 주장했다. 첫째, 내가 수사를 시작한 것은 검사의 수사 권한 범위를 벗어난 행위이므로, 그에 따른 수사 전 과정이 모두 위법하다는 점이다. 둘째, 나 자신이 직접 공소를 제기한 것 또한 위법하다는 것이다. 이에 따라, 수사와 공소 제기가 권한 없는 자에 의해 이루어졌으므로 실체적 판단으로서 공소사실의 유·무죄 여부와 관계없이 형식적 판단인 '공소기각판결'을 내려 재판을 종결해 달라는 취지였다. 한마디로 요약하면, "범죄는 인정하지만 처벌은 피하고 싶다"는 주장이었다.

범죄는 저질렀지만
처벌은 받기 싫어요

이 무슨 소리인가? A는 첫 재판이 2~3회 정도 진행될 무렵, 무고를 제외한 모든 공소사실을 인정하면서도 검사의 수사 개시 범위를 벗어난 수사로 위법하다며 나의 수사를 전면 부정했다. A의 주장에 따르면, 마약범죄, 폭력범죄특수상해, 성범죄촬영물등이용협박를 범한 사실은 인정하지만 처벌은 받기 싫다는 것이다.

2020년 형사소송법 등 법령 개정으로 검사의 수사 개시 범위가 대폭 축소되었다. 그러나 여전히 경찰이 송치한경찰 수사결과 혐의가 인정된다고 판단해 검찰에 사건을 넘긴 경우 사건과 직접 관련성이 인정되는 경우 등에는 검사의 직접수사가 가능하다. 개정법은 검사의 수사 개시 범위만 좁힌 것이 아니라, 수사를 개시한 검사가 직접 공소를 제기할 수 없도록 규정했다.

그러나 "사법경찰관이 송치한 범죄에 대해는 그러하지 아니하다"

고 규정해 예외를 두었는데, 이 사건처럼 경찰이 송치한 범죄와 직접 관련성이 인정되는 여죄에 대해 검사가 수사를 개시한 경우에는 수사 검사가 직접 공소제기를 할 수 있다고 해석하는 것이 타당하다.**검찰청법 제4조 제2항 단서 적용** 반대로 경찰이 송치한 범죄와 직접 관련성이 인정되지 않는 별건에 대해 검사가 수사를 개시한 경우 그 수사 검사는 공소를 제기할 수 없겠다.**검찰청법 제4조 제2항 본문 적용**

결국, 같은 사건도 누가 수사를 하는지 여부에 따라 처벌 여부가 달라지는 것이다. 익히 알려진 위법수집증거 주장의 경우, 그 주장이 받아들여지더라도 해당 증거를 유죄 판단에 있어 사용하지 못하는 것에 불과할 뿐 곧바로 공소기각판결이 선고되지는 않는다. 수사 개시와 공소제기의 위법성, 말만 들어서는 정치검찰의 무도한 권력을 막기 위한 신성한 수단인 것 같지만, 정작 불똥은 정치에는 아무런 관심이 없는 형사·공판부 검사의 마약 사건에 뛰었다.

내가 A의 여죄 혐의를 처음 인지한 것은 경찰이 송치한 A 관련 사건에서였다. 해당 사건에서 이미 A의 계좌 거래 내역 등 여죄 수사의 단서가 확보되어 있었으므로, 경찰 송치 사건과의 직접적인 관련성은 명백했다. 이러한 관련성은 A뿐 아니라, A로부터 마약을 매수하고 함께 투약한 다른 공범들에게도 동일하게 인정되었다. 따라서 내가 착수한 수사는 경찰 송치 범죄와 직접적인 관련성이 존재하므로, 이에 근거한 공소제기 역시 적법함은 자명하다. 그럼에도 A 측은 내가 개시한 여죄 수사가 경찰 송치 사건과 직접적인 관련성이 없으며, 따라서 수사와 공소제기 모두 위법하다고 주장했다.

사실 이러한 수사 개시·공소제기 위법성 주장은 A 이전에, A로부터 마약을 매수하고 함께 투약한 다른 동아리 회원이 먼저 했다. 엄밀히 말하면 변호인들이 제기한 법률적인 주장인데, 다만 그 회원의 변호인이 제기한 주장은 수사 개시 자체는 적법하나 공소제기는 위법하다는 것이다.

검찰청법

제4조(검사의 직무)

① 검사는 공익의 대표자로서 다음 각 호의 직무와 권한이 있다.

1. 범죄수사, 공소의 제기 및 그 유지에 필요한 사항. 다만, 검사가 수사를 개시할 수 있는 범죄의 범위는 다음 각 목과 같다.

다. 가목·나목의 범죄 및 **사법경찰관이 송치한 범죄와 관련해 인지한 각 해당 범죄와 직접 관련성이 있는 범죄**

② 검사는 자신이 수사 개시한 범죄에 대해는 공소를 제기할 수 없다. **다만, 사법경찰관이 송치한 범죄에 대해는 그러하지 아니하다.**

이처럼 위법성을 다투는 주장끼리도 각자의 법률적 해석에 따라 서로 모순되니, 적어도 이 사건에서는 수사 개시·공소제기 위법성 주장 설득력이 떨어진다는 것을 알 수 있다. 나아가 내가 그 주장에 대해 상세히 반박하는 의견서를 제출한 지 몇 주 되지 않아, 해당 변호인은 그 주장을 철회했다. 이는 불확실한 논리로 공소제기의 위법성을 다투기보다, 자백·반성·단약 의지 표현 등 형 감경을 위한 양형 주장에 집중하는 것이 더 유리하다고 판단했기 때문으로 보인다.

실제로 1심 법원은, 별건 범죄로 누범 기간 중임에도 이 사건에서 수차례에 걸쳐 마약을 매매·투약한 점을 고려하더라도, 구형보다 현저히 낮은 형을 선고했다. 타당한 법적 근거 없이 위법성을 주장하는 대신 진정한 반성을 표명하는 태도는 나의 시각에서도 합리적인 선택으로 판단된다.

결국 1심 법원은 위와 같은 위법성 주장을 모두 배척했다. 이는 마약범죄에 국한되지 않고, A의 성범죄 및 폭력범죄에 대해서도 직접 관련성이 인정된 것이다. 행위 주체가 A로 동일하며, 성범죄·폭력범죄 피해자 역시 A와 함께 현행범으로 체포된 마약범죄 피의자였고, 더 나아가 각 범죄를 입증할 증거 일부가 A에 대한 경찰 송치사건에서 확보된 증거와 동일했으므로, 직접 관련성이 인정된 것은 충분히 예견된 결과였다.

다행스러운 점은, A 역시 이러한 위법성 주장에 전적으로 의존하지 않고, 공소사실의 대부분을 인정하며 재범방지 서약서 및 실천계획서·반성문 작성, 심리상담 등 재범방지 노력을 병행했다는 것이다.

이러한 노력이 없었다면 1심에서 선고된 형이 징역 3년에 그치지는 않았을 것으로 판단된다.

그러나 2심 법원은, A의 마약범죄에 관해는 A의 위법성 주장을 모두 배척하면서도, 유독 성범죄촬영물등이용협박 및 폭력범죄특수상해에 대해서는 위법성 주장을 받아들여 공소기각을 선고했다. 선고형은 징역 1년 6월로, 형량만 놓고 보면 절반이 줄어들었다. 공소기각의 주된 이유는, ① 선행사건의 공판 검사로서 기록을 검토하거나 증거를 추가 수집하는 과정에서 자연스럽게 해당 범행들을 인지한 것으로 보이지 않고, ② 검찰청법 개정 취지에 비춰보면, 수사 검사가 경찰의 1차적 수사권을 배제하고 예외적으로 수사를 개시하지 않으면 안 될 특별한 사정이 있다고 보기도 어렵다는 것이다.

범행을 '자연스럽게' 인지해야 한다니, 자연스러움과 부자연스러움의 경계는 무엇인가. 또한, 수사 검사가 경찰의 수사권을 배제하고 예외적으로 수사를 개시하지 않으면 안 될 '특별한 사정'이란 또 무엇인가.

이 책이 출간된 시점에는 위 사건에 대한 대법원 판단이 이미 이루어지거나, 적어도 '검찰개혁' 입법이 완료될 가능성이 높다. 어느 경우든 검사의 수사권을 더욱 제한하고, 종국에는 아예 없애버리려는 의도가 보인다. 정치적 논란이 많은 사건을 중심으로 이루어진 검찰개혁 논의가, 사실관계가 명백하고 선과 악의 구분이 철저한 성범죄, 폭력범죄 사건에서도 여과 없이 적용되는 것이 씁쓸하기만 하다. 심지어 A는 자신의 성범죄와 폭력범죄의 각 사실관계를 그대로 인정했다.

대학가 마약동아리 회장 2심서 대폭 감형

수도권 주요 사립대를 중심으로 만들어진 연합동아리에서 벌어진 '집단 마약 유통·투약' 사건의 주범 격인 동아리 회장 염아무개씨(32)가 2심에서 감형됐다.

27일 서울고법 형사4-3부(황진구 지영난 권혁중 부장판사)는 마약류관리법 위반, 특수상해, 성폭력범죄 처벌 특례법상 카메라 등 이용촬영 등 혐의로 기소된 염씨에게 징역 1년 6개월을 선고하고 40시간의 약물중독 재활 프로그램 이수, 1300여만원 추징을 명했다. 앞서 1심은 염씨에게 징역 3년을 선고했다.

1심에서 유죄로 인정됐던 특수상해, 성폭력범죄 처벌 특례법 위반 부분에 대한 검찰의 공소가 기각되며 1년 6개월이 감형된 것이다. 재판부는 검사가 수사를 개시할 수 있는 범죄의 범위를 '사법경찰관이 송치한 범죄와 관련해 인지한 범죄와 직접 관련성이 있는 범죄' 등으로 제한한 개정 검찰청법을 근거로 들었다.

재판부는 "특수상해, 촬영물 등 협박 범행은 수사 개시 경위나 범죄사실 증거 측면에서 사법경찰관이 송치한 범죄와 직접 관련성이 인정되지 않는다"며 "이 사건 수사 검사가 수사를 개시해서 기소한 것은 법령 규정을 위반한 위법한 조치"라고 판단했다.

재판부는 검사가 염씨와 함께 마약류 범죄를 저지르고 기소유예를 받은 염씨의 지인 A씨에게 연락해 진술을 받은 뒤, 별건 사건 기록을 검토한 후에 A씨를 마약류 범죄 참고인으로 조사하면서 염씨의 특수폭행 등 관련 진술을 요구했다고 판단했다.

그러면서 "선행사건의 공판 검사로서 기록을 검토하거나 증거를 추가 수집하는 과정에서 자연스럽게 해당 범행들을 인지한 것으로 보이지 않는다"며 "설령 이 사건에서 참고인 진술 등을 통해 수사 검사가 범죄혐의를 포착했더라도 검찰청법 개정 취지에 비춰보면, 수사 검사가 경찰의 1차적 수사권을 배제하고 예외적으로 수사를 개시하지 않으면 안 될 특별한 사정이 있다고 보기도 어렵다'고 했다.

*출처 : 〈시사저널〉 2025년 8월 27일자

'범죄는 저질렀지만 처벌은 받지 않겠다' 식의 주장이 통하는 사회가 과연 건강한 사회인지, 납득하기 어렵다.

형사소송법은 검사에게 수사권과 함께 수사 의무를 부여한다. 검사는 범죄의 혐의가 있다고 사료되는 경우, 범인과 범죄사실 및 증거를 수사해야 한다. 그러나 현재는 검사가 범죄 혐의를 발견하더라도 해당 범죄가 검사의 수사 개시 범위에 해당하는지, 또는 경찰 송치범죄와 직접 관련성이 인정되는지를 먼저 판단해야 하는 상황이 되었다. 이와 같은 복잡한 법적 요건으로 인해, 설령 성실히 수사를 진행하더라도 전체 수사가 위법으로 판단될 가능성이 존재하며, 이 경우 애초에 수사를 개시하지 않는 것보다 못한 결과가 될 수 있다.

물론 개정법이 검사의 직접수사를 제한하려는 취지이고, 국민들의 대표자들이 만든 법이니 이를 거부할 생각은 없다. 실무 현장에서는 이러한 제한이 수사를 더욱 복잡하게 만들고 불필요한 위법성 논란을 야기한다는 비판이 제기된다. 앞으로 개정 취지와 현실 수사의 효율성·적법성 사이의 균형을 맞추기 위해 명확한 해석 기준과 실무 지침을 마련할 필요가 있다.

사실, 일부 정치적 논란의 여지가 큰 사건을 제외하고는, 일반 국민들 입장에서는 검찰이 수사하든 경찰이 수사하든 큰 차이가 없다.

형사소송법

제196조(검사의 수사)
① 검사는 범죄의 혐의가 있다고 사료하는 때에는 범인, 범죄사실과 증거를 수사한다.

신속하고 엄정한 수사로 피해자를 보호하고 범죄자에게는 그 책임에 상응하는 형벌을 가하면 될 뿐이다. 오히려, 수사 인력이 많으면 많을수록 범죄대응 역량은 증가한다는 해석이 가능하다. 이미 수십 년간 유지되온 검찰의 수사역량을 그대로 침몰시키는 것이 과연 국민을 위한 최선의 선택일까?

수사 개시·공소제기 위법성에 관해 A와 H의 재판에서 치열하게 공방이 오가는 가운데, 수사 검사로서 가진 의문은 '피해자'이다. 복잡한 법리적 쟁점이 일반 국민들에게 어떠한 의미가 있는지 여부도 의문이지만, 공소기각 판결로 피고인이 아무런 처벌을 받지 않는다면, 피해자로서는 정말 열불이 나겠다. 애초부터 피해자가 이러한 법적 문제를 예상하고 검찰과 경찰 중 어떤 기관이 수사를 하게 할 것인지 등을 완벽히 알기란 현실적으로 불가능하다. 사실관계 자체에 다툼이 있다면 모를까, A가 자신의 폭력범죄와 성범죄를 인정하면서도 공소기각 판결로 아무런 처벌을 받지 않는다면, 과연 그것이 정의인가? 우리 모두가 생각해봐야 할 문제이다.

그런데
그것이 실제로 일어났습니다

실제 LSD가 아닌 종이에 LSD 그림을 인쇄했다는 해괴한 주장을 한 H의 경우, A와 달리 1심에서부터 공소기각 판결이 선고되었다. 1심 법원은 수사 개시와 공소제기가 위법하다는 H의 주장을 받아들인 것이다. A의 경우 1심과 항소심 법원 모두 적어도 '마약범죄'에 있어서는 위법성 주장을 받아들이지 않고 유죄를 선고했지만, 마약범죄로만 기소된 H의 경우 마약범죄에 대해 공소기각 판결이 선고된 것이다. 검사 수사권을 제한한다고 해서 범죄자가 부당하게 처벌을 피하는 경우는 발생하지 않을 것이라는 일부의 우려는, 현실이 되었다.

관련 기사를 보면, 1심 재판부는 H에게 "피고인은 억울하다고 주장하나 본인이 인정한 사실만으로도 마약범죄와의 연관성을 의심받기 충분하다"며 "스스로 성실하고 정의롭다고 보기 어렵고 이번 일을 계기로 부끄럽지 않은 삶을 고민하길 바란다"고 당부했다고 한다. 재판부는 H의 주장을 받아들여 공소기각 판결을 선고하면서도, 사실관계 판단 영역에서는 H의 위와 같은 해괴한 주장을 받아들이지 않은 것으로 보인다.

마약 동아리 '깐부' 회원, 1심서 공소기각…검찰 수사 · 기소 위법

수도권 주요 대학 학생 중심의 연합 마약 동아리 '깐부'에서 활동하며 향정신성의약품 매도 혐의로 기소된 20대 남성이 1심에서 공소기각 판결을 받았다. 법원은 검찰의 수사 개시와 공소 제기 절차가 검찰청법을 위반했다고 판단했다.

서울남부지법 형사합의14부(부장판사 이정희)는 25일 오전 마약류관리에관한법률위반(향정) 혐의로 기소된 허모씨에게 공소기각을 선고했다.

재판부는 "피고인에 대한 수사를 개시한 검사가 동일하게 공소를 제기한 이 사건은 검찰청법 제4조 제1항에 따라 수사 개시 주체와 공소 제기 주체가 분리돼야 한다는 원칙에 반한다"며 "검사의 수사 개시와 공소 제기 절차 모두 위법해 법률상 공소 제기 요건을 갖추지 못했다"고 밝혔다.

이어 "설령 검찰청법 제4조 제2항 단서에 따라 예외적으로 가능하다고 보더라도 이 사건은 그러한 요건에 해당하지 않는다"고 판단했다.

다만 재판부는 판결에 앞서 허씨에게 "피고인은 억울하다고 주장하나 본인이 인정한 사실만으로도 마약 범죄와의 연관성을 의심받기 충분하다"며 "스스로 성실하고 정의롭다고 보기 어렵고 이번 일을 계기로 부끄럽지 않은 삶을 고민하길 바란다"고 당부했다.

검찰은 앞서 허씨가 2022년 12월께 텔레그램으로 전달받은 위치 정보를 이용해 향정신성의약품 LSD를 전달하고 암호화폐로 대가를 수수한 혐의로 재판에 넘겼다.

(후략)

*출처 : 〈뉴시스〉 2025년 6월 25일자

H에 대한 상고심이 진행 중이다. 1심에서 치열한 법리 공방이 오갔기 때문에, 상고심 결과에 따라 어느 쪽이든 상고를 제기할 것으로 보인다. 이 사건은 사실관계가 비교적 단순하고, 계좌 거래 내역 · 가상화폐 전송 내역 · 관련자 증언 등 증거관계가 명확해, 결국 쟁점은 검사의 수사 개시 · 공소제기 적법성에 관한 법리적 판단에 집중될 것으로 보인다. 따라서 수사 개시 · 공소제기 적법성에 관한 상세한 대법원 판례 법리를 도출할 수 있는 사안이기도 하다.

그러나 H에 대한 수사와 1심 공판을 직접 담당한 나로서는 이번 결과가 씁쓸하다. 만약 수사 주체가 경찰이었다면, 이와 같은 복잡한 법리 공방은 전혀 필요하지 않았을 것이다. H의 손을 들어주면서도 선고 전 이례적으로 H를 강하게 질책한 1심 재판부 역시 같은 생각이었을 것으로 짐작된다.

참고로, 위 사건이 상고심에서도 공소기각으로 판단된다면, 적법한 수사주체인 경찰이 동일한 사건을 다시 수사하면 된다. 공소기각은 유·무죄에 관한 본안 판단이 아닌 형식적 절차 판단이므로, 확정판결의 기판력이 미치지 않는다는 것이 다수 견해이다. 계좌 거래 내역·가상화폐 전송 내역 등 객관적 물증은 여전히 존재하므로, 경찰이 재수사를 진행할 경우 더 이상 법리적 쟁점 없이 사실관계 판단만이 문제될 것이다. 다만 이 경우 H로서는 동일 사건에 대해 수사와 재판을 각각 두 번 받게 되는 절차적 불이익이 발생할 가능성이 높다.

상급종합병원 의사 G는 1심 공판에서 전부 자백하고 선처를 탄원했다. 그런데 항소심에서는 변호인을 바꾸고, 갑자기 수사 개시·공소제기 위법성을 주장하기 시작했다. 1심 선고형을 도저히 받아들이기 어려웠던 것일까? 의사 면허 등 인생이 걸린 문제이니, 법리적으로라도 적극적으로 다투는 전략을 택한 점 자체를 비난하기는 어려울 듯하다.

그러나 이러한 위법성 주장이 마약을 비롯한 각종 범죄에 있어 '최후의 보루'처럼 남용되는 것에는 우려할 수밖에 없다. H처럼, G 또한 설령 위법성 주장이 받아들여져 공소기각 판결이 내려지더라도, 경찰을 통해 동일한 수사가 재개되고 결국 같은 재판을 다시 받을 위험이 크다. 과거 군사 독재 시절에 있었던 고문, 회유, 협박 등 명백한 인권 침해 사례와 달리, '수사의 주체가 검사'라는 이유만으로 위법수사나 위법기소로 취급된다면, 나아가 설령 공소기각판결을 받더라도 이후 경찰 수사를 받아 결국 처벌될 가능성을 배제할 수 없다면, 과연 이 법은 누구를 위한, 무엇을 위한 법인지 되묻지 않을 수 없다.

이러한 주장과 전략이 들불처럼 이 사건 공범들, 나아가 '마약의 세계'에 급속도로 퍼져나가는 것을 보니, 아직까지 제대로 된 법리도 없는 검사의 수사 개시와 공소제기에 관한 법령이 신속히 정비되어야 하겠다.

보석과 집행유예,
남겨진 자는 웁니다

A는 수감생활 내내 마약매매 상대방이자 공동투약자들이었던 동아리 회원들의 상황을 매우 궁금해했다. 군대 훈련소에만 가도 사회와의 단절감이 심한데, 화려한 생활을 즐기다가 구속이 된다면 바깥세상에 대한 궁금증이 더할 것이다. 삭막한 구치소 안에서도 소식은 빠르게 전달되는데, A가 수감되어 있던 서울남부구치소에서는 명문대들이 마약범죄로 대거 구속되었다는 소문이 5G급으로 퍼져나갔다. 보통 마약 사범은 그들끼리 수용되는데속칭 '마약방', 서울남부구치소의 경우 수용인원이 상대적으로 적어 소문이 전파되는 속도가 빨랐던 것으로 보인다.

별다른 대규모 마약 사건이 없던 서울남부구치소에 갑자기 잘생기고 예쁜, 소위 '인싸'로 불리던 명문대생들이 대거 수감되자, 동료 수감자들이 관심을 보이는 것은 당연한 일이었다. A의 입장에서도,

한때 자신과 함께 '천하를 호령(?)'하던 동아리 회원들이 자신과 비슷한 처지가 되었다는 사실에 복잡한 감정을 느꼈던 것으로 보인다. 자신 때문에 구속되었다는 미안함과 동시에, 그래도 알고 지내던 사람들과 같은 공간에 있다는 동질감이 교차했을 것이다.

드라마 〈프리즌 브레이크〉, 〈슬기로운 감빵생활〉 등을 보면, 수감자들은 수감생활 중 원활한 의사소통은 물론, 네트워킹까지 하는 모습이 확인된다. 그러나 현실의 수감생활은 그것과는 천지 차이이다. 구치소에서는 수감자의 일거수일투족이 엄격히 통제되며, 특히 구속영장 범죄사실에 따라 공범 등 사건관계인으로 판단되면 철저히 분리 수용된다. 따라서 이 사건의 수사 대상자가 같은 서울남부구치소에 있었다 하더라도, 서로 접촉하는 것은 물리적으로 불가능했다.

군 복무를 경험한 사람이라면 훈련소 시절을 떠올려 보면 된다. 같은 막사를 쓰더라도 다른 소대에 친구가 있다면, 의사소통은커녕 얼굴을 보기도 쉽지 않다. 게다가 마약사범의 편지는 엄격히 검열되는데, A는 자신이 직접 동아리 회원들에게 편지를 쓰면 검열되거나 검찰의 귀에 들어갈 것을 우려해 다른 수용자를 통해 간접적으로 전달한 것으로 보인다. 이미 구속된 대부분의 동아리 회원들은 수사에 협조 중이었고, A의 이러한 의사소통 시도는 나의 귀에 계속 전해졌다.

그러나 구치소 시계는 돈다. 누범이나 집행유예 기간 중 재범인 경우를 제외하고 대부분의 피고인들은 보석이나 집행유예로 차례차례 출소했다. A로서는 비록 직접 소통은 불가능했지만, 한 공간에 있던 친구들이 하나둘 떠나간다는 사실이 괴로웠을 것이다. '팀전이란 말이야. 나만 입 다물면 안 돼. 우리 다 같이 다물어야 돼'라는 명언(?)을 남긴 회원마저 1심에서 집행유예를 선고받고 석방되었다. 하필 그들의 출소 시기가, A가 현행범으로 체포된 뒤 사회와 격리된 지 거의 1년이 다 되어 가는 연말이라서였을까. 그의 쓸쓸함은 더욱 깊어진 듯하다. 마침 A는 이미 별건내가 수사 개시 전 기소된 다른 마약범죄 사건 항소심에서 징역 4년을 선고받아1심에서는 징역 3년이었으나 항소심에서 형이 가중됨 상고 기각으로 확정되는 바람에 심적으로 큰 타격을 받은 상태였다. 사실 구속 초기 A는 집행유예로 석방될 것이라는 기대를 품고 있었다. 접견한 동아리 임원과의 대화나 편지를 보면, 그는 그 믿음을 지렛대 삼아 가장 견디기 힘든 구속 초기를 버텼던 것으로 보인다. 사람은 '빨리 지나갈 것'이라는 믿음만 있으면, 아무리 힘든 상황이라도 버틸 수 있다. 아직도 1심 선고기일에서 징역 3년 실형을 선고받던 순간, A의 그 나라 잃은 듯한 표정이 잊히지 않는다.

A가 집행유예로 석방될 것이라고 믿은 것은 결코 터무니없는 기대가 아니었다. '연도별 마약류 사범 1심 선고 현황'을 보면, 1심에서 유죄 판결을 받은 마약류 사범 중 집행유예를 선고받는 비율이 압도적으로 높다. 실형이 선고되더라도 대부분은 징역 3년 미만의 형에 그친다. A 역시 이러한 경향을 알고 있었을 것이다. 그렇기에 '1심에서 징역 3년 실형, 항소심에서 징역 4년 실형'이라는 결과는 그의 예상과 완전히 어긋난 것으로 보인다.

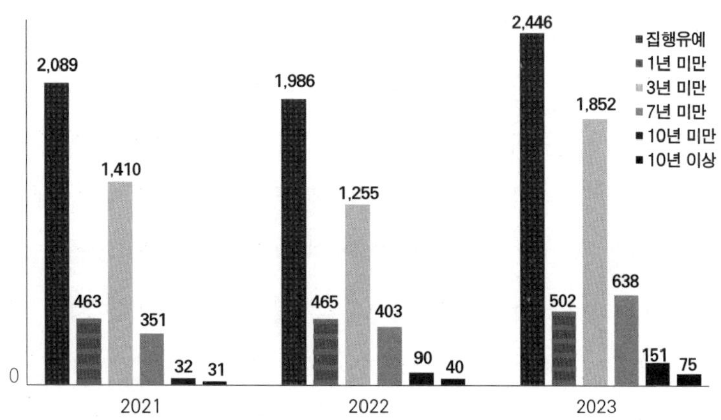

A의 심리 상태는 재판에서의 태도에서도 엿볼 수 있었다. 2024년 2월경, 내가 이 사건 수사를 처음 시작했을 당시만 해도 A는 법정에 멋스러운 사복 차림으로 출석했다. 수려한 외모의 A가 검정색 재킷을 입고 법정에 나타났을 때, 방청석에서 그 복장을 두고 웅성거리던 소리를 아직도 잊을 수 없다.

형의 집행 및 수용자의 처우에 관한 법률 제82조에 따르면, 미결수용자는 수사·재판·국정감사 또는 법률이 정하는 조사에 출석할 때 사복을 착용할 수 있다. 다만 소장이 도주 우려가 크거나 특히 부적절하다고 인정하는 경우는 예외다. A는 법이 보장한 권리를 행사했고, 법정에서의 태도 역시 특별히 불량하지 않았다. 그럼에도 내가 검사실이나 법정에서 마주한 대부분의 수용자는, 유무죄 주장 여부와는 관계없이 수의를 입고 있었다. 그래서였을까. 사복 차림으로 재판에 선 A를 본 순간, 나도 모르게 A의 공판 기록을 더 면밀히 살펴보게 되었다. 사복 착용 자체를 문제 삼을 수는 없지만, '얼마나 억울하면 저렇게 당당할까'라는 생각이 스쳤다. 만약 A가 정말 억울하게 기소된 것이라면, 객관의무를 지닌 검사로서 나는 오히려 그의 무죄를 밝혀내야 했을 것이다.

2024년 4월경 1심 선고 이후, 더 이상 법정에서 A의 '사복 핏'을 볼 수 없었다. 2024년 7월 1일경부터 순차 기소한 A 등에 대한 사건의 첫 공판은, A의 기일 변경연기 신청으로 2024년 9월경에 열렸다. 그날 법정에서 마주한 A는 수의를 입고 마스크를 착용한 모습이었다. 수사 당시 약 7차례에 걸쳐 A를 직접 조사했던 나의 기억 속 A는 언제나 당당한 태도였다. 그러나 그날의 A는 그때와 달리 무기력해 보였다. 이후 공판 기일이 이어질수록, A는 마약과 직접 무관한 일부 공소사실을 제외하고는 차례로 자백해 나갔고, 점차 현실을 직시하는 모습이 역력했다.

A로서는 소송 전략을 세우는 데 있어 다른 피고인들의 출소 여부와 선고 결과를 참고할 필요가 있었을 것이다. 그러나 다른 피고인들은 대부분, 심지어 누범이었던 동아리 회원조차 1심 선고가 확정된다면 2025년 6월경 출소하게 되는 반면, 자신만 최소 4년 이상 복역해야 한다는 사실은 정말 받아들이기 어려웠을 것이다. 일반인도 그렇겠지만, 한때 화려한 생활의 정점에 있었던 그에게는 그 심적 고통이 더욱 컸을 것이다. 취업, 창업, 결혼, 출산 등 인생의 중요한 단계들이

몰려 있는 30대 대부분을 '영어囹圄의 몸'으로 보내야 한다는 것은 분명 고통스러운 일이다. 그러나 A에게는 미안한 말이지만, 처벌에는 반드시 고통이 수반되어야 한다. 감내할 수 있는 고통은 더 이상 고통이 아니다.

특히 건강한 정신을 무너뜨리는 마약범죄의 경우, 그 진정한 피해자는 처벌받는 피고인 자신이다. 타인에게 가한 피해는 금전적 배상 등으로 어느 정도 보상이 가능하지만, 스스로에게 입힌 피해는 본인조차 제대로 인지하지 못하는 것이 마약범죄의 특성이다. 다른 범죄에 비해 마약범죄의 출소 후 재범률이 극히 높다는 사실은, 수감생활이 별다른 교정 효과를 주지 못했다는 의미로 해석할 수 있다. 논란의 여지는 있겠으나, 다시 마약에 손을 델 경우 모든 것을 잃을 것이라는 강한 위하威嚇 효과를 위해서라도 마약 사범에게는 장기간의 실형이 불가피하다. 이미 마약류에 깊게 중독된 A에게는, 30대의 대부분을 교도소에서 보내며 소중한 자유를 박탈당해야만 출소 후 다시 마약에 손을 대지 않으리라는 경각심을 심어줄 필요가 있다.

수사노트
수감자들 사이 '범죄 네트워킹'은 실제로 일어나는 일일까?
안타깝게도 그렇다. 마약범죄는 그 비율이 압도적으로 높다.
구치소·교도소에는 전체 인원 중 마약사범들만 분리되어 수

용되기 마련이다. 이른바 '마약방'이다. 마약사범은 수의 우측 가슴팍 부분의 '번호표' 색깔도 다르다. 보통 파란색 번호표를 사용하는데, 참고로 사형수는 빨간색, 보안사범국가보안법위반 등은 분홍색 번호표이다. 번호표 색깔만으로 그 사람의 인생이 대략 그려지는 것이다.

보석, 집행유예, 가석방 등 조기 출소의 희망이 사라진 이들은, '파란색 번호표'라는 동질감에 고취된 나머지 마약 판로 등 '알쓸신잡' 정보를 공유하면서 나름의 네트워킹을 해나간다. 이 사건 수사 대상자 중 일부도 출소 후 '교도소 동기(?)'와 연락을 지속해가며 마약 판로를 다변화했다.

텔레그램 비대면 마약거래의 폭증으로 수사관이 마약거래에 나서는 '함정수사' 기법이 증가함에 따라, '믿을 만 한' 판로를 개척하는 것이 마약사업의 관건이 되었다. 일부 수사 대상자의 교도소 수용실에서 압수한 일기장에는, 출소 후에 어떻게 마약판매 사업을 할지 꽤 구체적이 청사진을 그린 내용이 있었다. 그에 따른 마약 판로는 대부분 구치소·교도소의 같은 호실을 거친 '00형, 00동생' 따위의 마약사범이었는데, 그저 씁쓸할 뿐이었다. 자신의 인생을 그렇게 망치고도 다시 마약에 손을 대고 싶을까? 그러나 무기력하게 출소일만을 기다리는 그들의 입장에서 출소 후 '큰 돈'을 벌 수 있다는 헛된 희망이 생각보다 크게 다가왔겠지만, 범죄로 이어진 인연은 오래 가지 못한다. 아무리 뜨거운 전우애로 이어진 군대 선·

후임·동기도 막상 전역 후에는 잘 연락하지 않게 된다. 하물며 인생의 큰 오점에서 만난 인연들, 그것도 실형을 선고받은 '감빵 동기'들을 얼마나 믿고 의지할 수 있겠는가.

유치장 출신 검사

A는 이 사건 이전에도 마약과 무관한 범죄로 징역형 집행유예를 선고받은 전력이 있었다. 집행유예 기간은 판결 확정일로부터 계산되는데, A의 이번 범행 대부분은 그 유예기간이 만료되기 전에 이루어진 것이다. 이는 내가 A의 죄질을 무겁게 평가하는 이유 중 하나다.

형사소송법 제42조는 "판결 선고 시 주문을 낭독하고, 이유의 요지를 설명해야 한다"고 규정한다. 법정 방청 경험이 있다면 알겠지만, 징역형 집행유예가 선고되는 경우 재판장은 피고인 면전에서 "집행유예 기간 중 재범하면 유예된 형을 복역하게 된다"는 취지의 말을 분명히 고지한다. 범죄를 상습적으로 저지르는 사람이 아니라면, 그 순간 피고인은 '혹시 오늘 바로 법정구속되는 건 아닐까' 하는 두려움에 재판장의 헛기침 하나에도 심장이 철렁하기 마련이다. 공개된 법정에서 자신의 과거가 낱낱이 드러나는 가운데, "징역 N년을 선고한다"로 끝날지, 아니면 "다만, N년간 그 형의 집행을 유예한다"로 이어질지가 한 사람의 운명을 갈라놓는다. 그렇기에 그날의 법정 장면은 평생 기억에 남아야 마땅하다.

그러나 A는 이 사건 피고인신문에서 '집행유예 기간 중 범행을 저지른 이유'를 묻는 질문에 명확한 답변을 내놓지 않았다. 과거 마약과 무관한 범죄로 집행유예를 선고받은 당일, 재판장으로부터 "집행유예 기간 중 재범하면 유예된 형을 복역하게 된다"는 취지의 발언을 들었는지조차 기억나지 않는다고 했다. 서릿발처럼 날카로워야 할 사법의 경고가 A에게는 전혀 효력을 발휘하지 못한 셈이다. 재판정은커녕 경찰서 문턱도 넘어본 적이 없는 대다수의 사람들로서는 납득하기 어려운 부분이다.

안타깝지만, 단 하루라도 자유를 빼앗겨 본 사람에게 자유의 소중함이 주는 무게는, 그런 경험이 없는 사람과 같을 수 없다. 벌써 20년 가까이 지난 일이지만, 내가 경찰대학 3학년 실습 과정 중 하나인 일선 경찰서 실습에 나간 첫날, 후배 교육에 열정이 높았던 서장님께서 인자한 얼굴로 '1일 유치장 체험'을 지시하셨다. 1시간이 아닌 1일이다.

"서장님! 실습과정 매뉴얼에는 없는 내용입니다!"라고 감히 반발할 용기는 내지 못한 채, 휴대전화 전원을 꺼 유치장 관리팀 캐비닛에 보관하고, 그곳에서 꼬박 하루를 지냈다. 비록 다음 날이면 석방(?)될 것임을 알고 있었음에도, 그날 밤 단 한숨도 자지 못했다. 그리고 지금도 선명히 기억한다. 쇠창살 너머로 보이던, 세상과 단절된 그 풍경을. 다행히 나와 함께 실습을 나간 동기와 함께 유치장 체험을 했기에 그나마 견딜 수 있었다. 유치장, 구치감, 구치소 등 선배(?) 수용자들이 거쳐간 곳에는 보이지 않는 구석에 '낙서'가 남아있는데, 그 낙서의 내용은 예상 가능한 그리 유쾌한 내용은 아니다.ᴬ가 구속된 직후 일기장에 기재한 내용에도 유사한 내용이 있었다. 심지어 손톱으로 긁은 자국까지 남아 있는데, 자유를 빼앗긴 자에게는 오직 고통만이 있을 뿐이다.

이 사건으로 중형을 선고받은 40대 상장사 임원 I 역시 과거 마약범죄로 집행유예를 선고받았으나, 정신을 차리지 못하고 재범을 저질러 다시 중형을 받았다. F는 이미 마약범죄로 징역 3년에 집행유예 5년을 선고받아 출소한 상태였으며, 그 집행유예 기간 중임에도 자중하지 않고 또다시 마약에 손을 댔다. 충격적인 점은, 2024년 8월 이번 사건으로 나에게 구속되기 훨씬 전인 2024년 초순경에 이미 수차례 마약을 매매·투약한 혐의로 경찰 수사를 받고 있었다는 사실이다.

I는 2020년경 마약범죄로 구속되어 집행유예로 석방된 후, 그 유예 기간 중에도 재차 마약을 투약·판매하다가 2024년 초순경 경찰에 체포되었다. 그런데도 그는 바로 구속되지 않았고, 불과 몇 달 뒤인 2024년 8월경 다시 마약범죄를 저지르다 나를 만나 구속된 것이다. 보통 집행유예 기간 중에 재범한 마약사범은 경찰·검찰 수사를 불문하고 대부분 구속되는 것이 일반적인데, I가 2024년 초순경 체포 당시 곧바로 구속되지 않았던 것은 이례적인 일이었다. 더구나 I는 미국 명문대를 졸업하고 상장사 임원까지 오른, 사회·경제적 지위가

높은 인물이었다. 그런 사람이 대한민국 수사기관에 적발된 마약범죄
만 최소 3건 이상이라는 점은, 마약이 얼마나 강력하고 파괴적인 중
독성을 지니는지를 여실히 보여준다.

집행유예와 3·5 법칙

내가 I를 수사하면서 들었던 제일 큰 의문은 미국 명문대 출신도, 상장사 임원도, 마약 투약 후 운전을 했다는 것도 아니었다. '징역 3년에 집행유예 5년'은 쉽게 찾아보기 어려운 선고형이다. 형법 제62조는 ①3년 이하의 징역이나 금고 형을 선고할 경우 ②1년 이상 5년 이하의 기간 형의 집행을 유예할 수 있다고 규정한다. 〈2023년 마약류 사범 집행유예 선고 현황〉을 보면, 집행유예 기간 중 '5년 이상'이 차지하는 비중은 '1년 이상 2년 미만' 구간 다음으로 적은 비중을 차지한다. 이미 수사 단계에서 구속된 I에 대한 선고형은, 집행유예로 석방되기 위한 '최저 기준'을 맞춰준 관대한 판결로 보인다.

만약 I가 징역 3년 1월을 선고받았다면 F는 여지없이 3년 1월이라는 형기를 채워야 출소가 가능했다. 반면 A는 1심에서 집행유예가 아닌 '징역 3년의 실형'을 선고받았는데, 이미 별건에서 집행유예 이상을 선고받은 전과가 있기 때문으로 보인다. 항소심은 별건 집행유예 기간 중 재범한 점 등을 근거로 '징역 4년의 실형'을 가중했다.

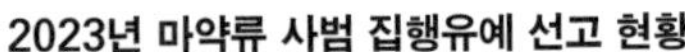

2023년 마약류 사범 집행유예 선고 현황

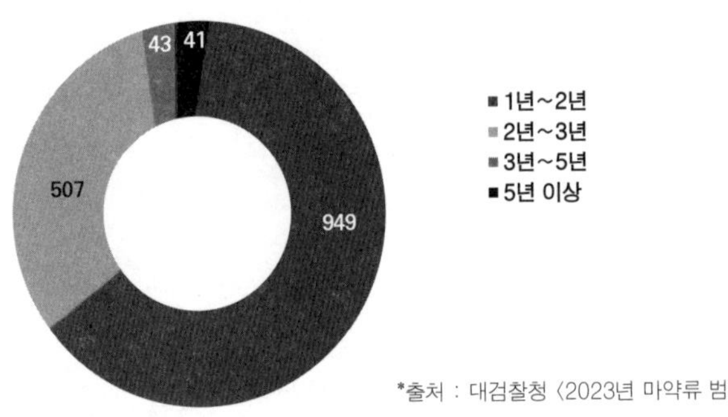

*출처 : 대검찰청 〈2023년 마약류 범죄백서〉

평소 형사법에 관심을 가졌다면 이른바 '3·5 법칙'을 들어보았을 것이다. 주로 사회적 관심을 모았던 재벌가 인사 등이 수사 단계에서 구속되더라도, 최종적으로는 징역 3년에 집행유예 5년에 가까운 형을 선고받아 석방되었던 사례들을 통칭하는 용어이다. 물론 일부 사례만을 수집해 부정적인 뉘앙스로 표현한 것이고, 실제로 '징역 3년에 집행유예 5년'이 확정된 사건에서도 심급이 올라갈수록 양형에 유리하게 작용할 만한 요소가 추가로 드러났을 가능성이 크다.

I도 자신이 이른바 '3·5 법칙'의 수혜자였음을 모르지 않았을 것이다. 그럼에도 집행유예 기간 중 여러 차례 다시 마약에 손을 댄 것이다. 집행유예 기간에 재범할 경우 유예된 3년의 형을 반드시 복역해야 하며, 재범 범죄에 대한 추가 형까지 더해져 최종적으로는 '5년 +

N년'의 실형을 선고받게 된다. I는 1심에서 징역 2년 6월을 선고받았으니, 1심 판결이 확정된다면 무려 5년 6월을 복역해야 한다. 이러한 높은 법적 위험성을 I 역시 알고 있었을 텐데도, 이미 마약에 깊이 중독된 그에게는 미국 명문대 출신이라는 학력도, 상장사 임원이라는 사회경제적 지위도 아무런 억제력이 되지 못한 것으로 보인다.

I는 마흔이 넘도록 결혼하지 않은 채 노모와 반려견과 함께 살았다. 그의 가족관이 어떠한지는 알 수 없지만, 구속전피의자심문에서 I가 "구속되면 노모와 반려견을 돌볼 사람이 없다"며 불구속을 탄원하는 모습을 보며, 마약의 무서움을 다시 한 번 절감했다. 낳아준 부모도, 함께 살아온 반려견도, 그 무엇보다도 중요한 것은 바로 마약이었던 것이다.

본 사건에서 유죄가 확정되면, I는 유예된 3년 이상의 형을 복역해야 한다. 그렇게 되면 자신이 재직 중이던 회사의 업무는 물론, 여생을 평온히 보내야 할 노모의 삶도 치명적인 영향을 받을 수밖에 없다. 준법의식을 논하기 전에, 자식으로서 최소한의 인륜이 있다면 모친의 생존마저 위협하는 파멸의 길은 결코 선택해서는 안 될 일이다.

그럼에도 I는 내가 수사한 이번 사건뿐 아니라, 그 이전 경찰 수사 사건에서도 수차례 마약범죄를 저질렀다. 드러난 범행만 이 정도이니, 수면 아래 감춰진 범행은 과연 얼마나 더 될지 상상조차 하기 어렵다. I가 필로폰이 담긴 주사기를 자신의 팔에 꽂으며 쾌락에 잠길 때, 과연 그는 노모와 반려견을 단 한순간이라도 떠올렸을까.

이쯤되면 집행유예가 과연 형벌인가 라는 생각도 들법 하다. 사회

봉사로 대체할 수 없는 500만 원 초과 고액 벌금을 선고받은 경우 꼼짝 없이 납입해야 하고, 이를 납부하지 못하면 1일 10만 원으로 환산해 노역장 유치까지 당할 수 있다. 그러나 분명 징역형·금고형의 집행유예는 벌금보다 중한 형이다. **형법 제41조는 각호에 사형-징역-금고-자격상실·정지-벌금 등 순으로 형의 종류를 정하고, 형법 제50조는 형의 경중은 형법 제41조 각호의 순서를 따른다고 규정한다.**

이론적으로는 ①징역·금고형의 집행유예가 선고된 경우 유예기간을 무사히 도과했을 경우 수감되지 않고 평온한(?) 삶을 이어가는 반면 **물론 유예기간 동안 재범하지 않을 것을 전제로 한다** ②사회봉사로 대체할 수 없는 500만 원 초과의 벌금형을 선고받은 경우, 이를 미납하면 노역장에 유치되어 실제 수감생활을 하게 된다. 이처럼 벌금형이 집행유예보다 하위의 형임에도 불구하고 현실에서는 '역전 현상'이 발생하기도 한다. 그렇다면 집행유예가 형벌로서 지니는 진정한 의미는 무엇일까.

안타깝게도 한 번 범죄를 저지른 사람은 다시 범죄를 저지를 가능성이 높다고 알려져 있다. 나의 경험에 비추어 보아도 이를 부인하기는 어렵다. 형사판결문을 자세히 살펴보면, 선고 형량을 정하는 '양형의 이유' 부분에 빠짐없이 등장하는 문구 중 하나가 바로 "피고인은 벌금형을 초과하는 전력이 없다"이다. 이를 역으로 해석하면, 벌금형 이하의 형이나 기소유예 전력만 있는 경우에는 비교적 가벼운 형이 선고될 가능성이 높다는 뜻이다. 반면, '벌금형을 초과하는 전력', 즉 징역형이나 금고형**집행유예 포함** 전과가 있는 경우에는 실형 선고 가능성이 크게 높아지며, 경우에 따라 법정구속을 당할 위험도 훨씬 커진다.

집행유예 기간이 종료되어 재범하더라도 유예된 형을 복역할 필요가 없는 경우에도 마찬가지이다. A가 바로 그 경우였는데, A가 저지른 대부분의 범행은 집행유예 기간 중 이루어졌지만, A에 대한 수사·재판은 유예기간이 종료된 후에 개시되었다. 만약 A에게 벌금형 전과만 있었다면 애초에 구속되지 않았을 것으로 보이고, A의 바람대로 징역형의 집행유예를 선고받았을 가능성도 배제할 수 없다.

집행유예 전과가 있는 자에게 다시 집행유예를 선고하는 것이 이론상 불가능하지는 않다. 하지만, 집행유예 전과가 오래된 것이거나, 피해자와 합의해 피해자가 처벌을 원하지 않는 등 예외적인 경우를 제외하고는 다시 집행유예를 선고하는 경우는 매우 드물다. 높은 재범률을 자랑(?)하는 마약범죄의 경우 더욱 그렇다. 법률전문가가 아닌 A로서는 이런 집행유예의 '쓴맛'을 직시하지 못한 채, 이미 집행유예 전과가 있음에도 또다시 집행유예로 선처받을 수 있다는 헛된 희망에 사로잡혔던 것으로 보인다.

한편, 집행유예의 쓴 맛은 이미 집행유예 전과가 있던 A와 I에게만 한정되지 않는다. 이 사건에서는 대학생 또는 사회초년생인 피고인들이 대부분이었는데, 징역형·금고형 이상의 형이 확정될 경우 대부분의 국가 자격시험에 응시조차 할 수 없다. 법학전문대학원로스쿨 진학을 앞둔 피고인의 경우, 애써 법학전문대학원에 입학하더라도 징역형의 집행유예가 선고된다면 유예기간이 끝난 뒤에도 2년간 변호사시험에 응시하지 못한다.

예를 들어 징역 1년에 집행유예 2년을 선고받고 그 판결이 입학 첫 해가 지나가기 전에 신속히 확정되더라도 2년의 유예기간과 2년의 제한기간을 합쳐 무려 4년이 지나야 시험에 응시할 수 있다. 법학전문대학원은 공정한 경쟁을 위해**입대·질병 등 휴학사유가 없음에도 선행학습 후 복학해 좋은 성적을 얻으려는 시도를 차단** 다른 대학원 대비 휴학제도를 엄격히 운영한다. 단순히 집행유예 기간을 보내기 위한 휴학은 허용되기 어렵다. 법학전문대학원 교육과정이 총 3년이니, 졸업 직후 변호사시험 응시하는 것은 현실적으로 불가능하다. 대부분의 고등 자격시험이 그렇듯 수험기간과 합격률은 반드시 비례하지는 않는다. 변호사시험 합격 여부도 불투명하지만, 설령 변호사시험에 합격하더라도 채용 과정에서 로스쿨 졸업과 변호사시험 합격 사이에 생긴 공백기간에 대한 질문을 피할 수 없을 것이다. 이쯤 되면, 과연 법학전문대학원 진학이 인생에서 유의미한 선택지인지 여부가 고민될 것이다. 물론 마약범죄를 저지르지 않았다면 애초부터 할 필요가 없는 고민이다.

그뿐만이 아니다. 이 사건에서 수사 대상자 대부분이 목표로 하는 대기업은 취업 과정에서 범죄경력자료를 요구한다.**법무부에서 운영하는 시스템을 통해 온라인에서 '범죄경력조회회보서'를 발급받아 제출한다.** 국가자격시험과 달리 사기업 취업 시 징역형의 집행유예 이상 형을 선고받은 자가 결격임을 규정하는 법은 없지만, 사기업도 사람이 모인 곳이다. 특히 대기업은 더욱 그러한데, 인턴 지원 단계부터 엄격한 내규를 적용해 집행유예는 물론 벌금형 전력이 확인될 경우에도 선발하지 않는 경우가 대부분이다. 내규에서 전과가 없을 것을 명시적으로 요구하지 않더라도, '해외여행에 결격 사유가 없을 것' 등 간접적인 방법으로 전과자를 거르는 경우도 있다. 요새 여권 없는 사람이 어디있다고, 도대체 해외여행의 결격 사유는 무엇이란 말인가.

그러나 전과가 있다면, 출국에는 별다른 제한이 없더라도 현지법에 따라 입국 시 이른바 '입구컷' 당하는 불상사가 발생할 수 있다. 물론 형의 실효 등에 관한 법률에 따라 일정기간이 지나면 형은 실효되어 더 이상 '범죄경력조회회보서'에는 기록이 남지 않지만, 벌금형과 달리 징역형·금고형은 집행유예의 선처를 받더라도 형의 실효까지 최소 5년이 필요하다. 취업 시장에서 5년이라는 공백은 결코 짧지 않으며, 젊은 구직자에게는 극복하기 어려운 장벽이 된다.

형의 실효 등에 관한 법률

제7조(형의 실효) ① 수형인이 자격정지 이상의 형을 받지 아니하고 형의 집행을 종료하거나 그 집행이 면제된 날부터 다음 각 호의 구분에 따른 기간이 경과한 때에 그 형은 실효된다. 다만, 구류(拘留)와 과료(科料)는 형의 집행을 종료하거나 그 집행이 면제된 때에 그 형이 실효된다.
1. 3년을 초과하는 징역·금고: 10년
2. 3년 이하의 징역·금고: 5년
3. 벌금: 2년

이처럼 특히 대학생들에게 집행유예 판결은 상상 이상으로 큰 불이익이다. 당장 내야 하는 벌금이 없고, 감옥에 가는 것도 아니니 신상에 별다른 문제가 없다고 생각한다면 이는 심각한 오산이다. 한편으로는 순간의(?) 잘못으로 선택한 것 치고는 그 불이익이 지나치다는 시각도 있겠다. 앞서 언급한 바와 같이, 형벌은 곧 고통이다. 그 고통의 정도는 범죄자에게 있어서는 재범의 여지를 없애고, 사회 전반에 있어서는 고통이 두려워서라도 범죄에는 얼씬도 하지 않을 정도로 강력해야 한다. 합리적인 범행 동기를 찾을 수 없는 마약범죄의 경우는 더욱 그러하다. 재산범죄나 폭력범죄는 나름의 변명거리(생계곤란, 치정관계 등)라도 있겠지만 말이다. 거듭 강조하지만, 마약은 곧 패가망신으로 가는 지름길이다.

면허 취소와 패자부활

2024년 12월경부터 순차적으로 1심 선고가 이루어졌다. 대부분 징역 1년에서 3년 사이의 형을 선고받았다. A 등 일부에게는 실형이 내려졌으나, 다수의 피고인들에게는 징역형의 집행유예가 선고됐다. 전반적으로 형량이 낮다고 판단해 전부 유죄가 선고된 피고인들에 대해서도 항소를 제기했으나, 그중에서도 상급종합병원 임상강사였던 G에 대한 판결은 특히 납득하기 어려웠다.

G는 징역 1년에 집행유예 2년을 선고받았는데, 그는 A를 포함한 다른 피고인들과 달리 '마약류취급자'였다. 이는 일반인의 접근이 엄격히 금지된 마약류를 의료용 등 업무 목적으로 예외적으로 취급할 수 있는 자격을 부여받은 사람을 의미한다. 당연히 일반인보다 마약류취급자의 마약범죄가 더 중대하다. 비대면으로도 마약을 쉽게 구할 수 있는 시대이지만, 마약류취급자는 일반인보다 마약류에 접근하기 훨씬 용이하며, 그 위험성에 대해서도 더 깊이 인식하고 있기에

그 범죄는 더욱 무겁게 취급된다.

마약류 관리에 관한 법률

제2조(정의) 이 법에서 사용하는 용어의 뜻은 다음과 같다.

5. **"마약류취급자"**란 다음 가목부터 사목까지의 어느 하나에 해당하는 자로서 이 법에 따라 허가 또는 지정을 받은 자와 아목 및 자목에 해당하는 자를 말한다.

(중략)

자. **마약류취급의료업자:** 의료기관에서 의료에 종사하는 의사·치과의사·한의사 또는 「수의사법」에 따라 동물 진료에 종사하는 수의사로서 의료나 동물 진료를 목적으로 마약 또는 향정신성의약품을 투약하거나 투약하기 위해 제공하거나 마약 또는 향정신성의약품을 기재한 처방전을 발급하는 자

의료법은 ①마약·대마·향정신성의약품 중독자, ②금고 이상의 실형을 선고받고 그 집행이 종료되거나 집행을 받지 아니하기로 확정된 후 5년이 지나지 않은 자, ③금고 이상의 형의 집행유예를 선고받고 그 유예기간이 끝난 뒤 2년이 지나지 않은 자 등을 의료인의 결격사유로 규정한다. 따라서 G가 '마약·대마·향정신성의약품 중독자'로 인정되지 않는다 하더라도, 징역형의 집행유예를 선고한 1심 판결이 확정되면 그 확정일로부터 2년간은 의료행위를 할 수 없다.

의료법

제8조(결격사유 등) 다음 각 호의 어느 하나에 해당하는 자는 의료인이 될 수 없다.

1. 「정신건강증진 및 정신질환자 복지서비스 지원에 관한 법률」 제3조제1호에 따른 정신질환자. 다만, 전문의가 의료인으로서 적합하다고 인정하는 사람은 그러하지 아니하다.

2. 마약·대마·향정신성의약품 중독자

3. 피성년후견인·피한정후견인

4. 금고 이상의 실형을 선고받고 그 집행이 끝나거나 그 집행을 받지 아니하기로 확정된 후 5년이 지나지 아니한 자

5. **금고 이상의 형의 집행유예를 선고받고 그 유예기간이 지난 후 2년이 지나지 아니한 자**

6. 금고 이상의 형의 선고유예를 받고 그 유예기간 중에 있는 자

그렇다면 그 2년이 지난 뒤에는 어떻게 될까?

2023년 10월 국회 보건복지위원회가 보건복지부로부터 받은 자료에 따르면, 같은 해 6월까지 최근 5년간 마약류 관리에 관한 법률을 위반한 의사 33명 가운데 9명27.2%이 심의를 거쳐 면허를 재교부받았다. 의료인 면허가 취소된 경우에는 보건복지부 면허 재교부 심의 소위원회총원 9명에서 과반인 5명 이상의 동의가 있어야 면허를 다시 받을 수 있다. 하지만 구속까지 되었던 G가 2년 후 실제로 의사 면허를 재교부받을 수 있을지는 여전히 불확실하다. 면허 재교부 심의에서는 범죄의 중대성, 개전의 정, 사회적 파장 등 다양한 요소가 작용하고, 최근 심사 기준이 더욱 엄격해지는 추세이기 때문이다.

G는 2024년 성탄절을 앞두고 징역형의 집행유예를 선고받아 석방되었다. 그러나 G에게 의사 면허가 쉽게 재교부 되어서는 아니 될 것이다. 마약 투약 당일 수술에 참여했기 때문이다. G는 상급종합병원 인기과의 전문의로 하루에도 여러 명을 진료하고 수술했다.

"마약 투약 후 수술"…'빅5' 출신 안과 전문의, 또 의사할 수 있다?

현행법상으로 마약 범죄로 금고 이상의 처벌을 받으면 의사 면허가 취소된다. 그러나 다시 의사로 일할 수 있다. 재교부 제도가 있기 때문이다.

이에 보건복지부는 지난 9월 형의 사유와 정도 등에 따른 가이드라인을 만들어 재교부 여부를 엄격하게 따지는 취지에서 의사 면허 재교부 기준을 마련하고 있는 것으로 알려졌다.

지난해 마약 관련 범죄를 저질러 면허가 취소된 의사 10명 중 3명이 다시 의료 현장으로 돌아온 것으로 나타났다.

2023년 10월 국회 보건복지위원회 소속 백종헌 국민의힘 의원이 보건복지부로부터 받은 자료에 따르면 같은 해 6월까지 최근 5년간 마약류 관리에 관한 법률을 위반한 의사 33명 가운데 9명(27.2%)이 심의를 거쳐 면허를 재교부받았다.

같은 기간 간호사는 2명이 심사를 받았는데, 모두 면허를 교부받지 못했다.

의료인 면허가 취소된 경우 복지부 면허 재교부 심의 소위원회(총원 9명)에서 과반인 5명 이상이 동의하면 재교부받을 수 있다.

*출처 : 〈이데일리〉 2024년 12월 2일자

우리나라는 서울 소재 상급종합병원으로의 쏠림 현상이 심한 나라 중 하나이다. '지역의료체계'라는 개념이 존재하지만, 막상 나와 내 가족이 아프면 병의 경중을 불문하고 상급종합병원을 찾는다. '서울공화국'답게 지방의 상급종합병원으로는 성에 차지 않는 것이다. G가 근무하던 상급종합병원은 고속열차역에서 셔틀버스를 운행해 지방 환자를 적극 유치했는데 병원은 각지의 환자들로 문전성시를 이룬다.

G의 근무 스케줄은 그야말로 살인적이었다. 때마침 '의료대란' 사태로 인해 업무는 더욱 가중되었을 것이다. 그러나 업무 스트레스 등 그 어떤 변명으로도 마약범죄는 정당화되지 않는다. 오히려 경향 각지 환자의 생명을 책임지는 전문의로서 온전한 몸가짐으로 신경써도 모자랄 텐데, 마약을 투약하고 수술이라니 당치도 않다.

다행히 G의 마약 투약 당일 이루어진 수술 결과에 문제가 확인되진 않았는데, 의도한 것인지 모르겠지만 수사 결과 확인된 G의 마약 투약 당일의 수술은 모두 '보조의'로 참여한 것이다. 해당 수술의 핵심적인 부분은 마약과 무관한 집도의가 진행한 것으로 보이는데, 아무리 보조의로서 역할에 그쳤다고 하더라도 마약 효과가 남아있을지 모르는 상황에서 수술 참여는 절대로 일어나서는 안 되는 일이다.

기장의 능력이 뛰어나더라도, 마약을 투약한 부기장이 운행하는 항공기를 선택할 사람은 아무도 없을 것이다. 의사든 파일럿이든, 불특정 다수인의 생명과 안전을 전적으로 책임지는 자들에게는 엄격한 잣대가 필요해 보인다.

앞서 언급한 것처럼, 최근 5년간 마약류 관리에 관한 법률을 위반한 의사 33명 가운데 9명27.2%만이 면허를 재교부받았고, 나머지 24명72.8%은 면허를 재교부받지 못해 다시는 메스를 잡을 수 없게 되었다. 게다가 보건복지부는 이미 면허가 취소된 의료인에 대한 면허 재교부 요건을 한층 더 강화하겠다고 밝힌 바 있다. 앞으로는 면허가 취소된 의료인이 다시 의료현장에 복귀하는 길은 더욱 좁아질 전망이다.

재교부 요건 강화보다 더 본질적인 변화는, 과거에는 금고 이상의 형이 선고되더라도 '의료관련 법령'을 위반한 경우에만 면허가 취

면허 취소 의료인의 재교부 요건 강화

- 「의료법 시행령」 일부개정령안 국무회의 의결(11.14.) -
- 면허 취소된 의료인이 재교부받으려면 교육프로그램 이수해야 -

보건복지부는 11월 14일(화) **국무회의**에서 「**의료법 시행령**」 일부개정령안이 의결되었다고 밝혔다.

이번 개정안은 지난 5월에 성범죄, 강력범죄를 저지른 의료인이 계속 해서 진료행위를 하는 등 일부 비도덕적인 의료인으로부터 국민의 건강 을 보호하고 안전한 진료환경을 조성하고자 **의료인 결격사유를 확대**하고, 면허가 취소된 의료인의 **면허 재교부 요건을 강화**하는 내용으로 **의료 법이 개정**(법률 제19421호, '23.5.19. 공포, '23.11.20. 시행)됨에 따라 법률에서 위임한 사항을 규정하였다.

* (개정 전) 의료관련법령 위반으로 금고 이상의 형 선고 시 → (개정 후) 모든 법령위반으로 금고 이상의 형 선고 시

보건복지부장관이 면허가 취소된 의료인에게 **면허를 재교부하려는 경우, 재교부대상자에게 교육을 이수**하게 하였고(안 제31조의8 제1항).

면허 재교부대상자는 환자 권리의 이해, 의료인의 역할과 윤리, 의료 관련 법령의 이해 등에 대해 **40시간 이상의 교육**을 받도록 하였다(안 제31조의8 제2항).

교육프로그램은 보건복지부장관이 지정하여 고시하는 기관 또는 단체에서 **실시**하고(안 제31조의8 제3항), 교육에 따른 **비용**은 **교육을 받는 사람이 부담**하도록 하였다(안 제31조의8 제4항).

교육프로그램 실시기관의 장은 교육을 이수한 자에게 **이수증을 발급**하고, 교육실시 결과를 보건복지부장관에게 제출하도록 하였으며(안 제31조의8 제5항), **교육의 세부사항**에 대하여 **보건복지부장관의 사전승인**을 받도록 하였다(안 제31조의8 제6항).

---

*출처 : 보건복지부

소됐으나 의료법 개정 이후에는 '의료관련'이라는 제한이 사라졌다는 데 있다. 이제는 음주운전·성범죄·폭력범죄·주가조작 등 의료와 무관한 범죄로 자본시장법위반 등 금고 이상의 형이 확정될 경우에도 의료인의 결격사유에 해당한다.

이처럼 의료와 전혀 관련 없는 범죄로 인한 금고형이 면허 결격사유로 작용한다는 점은 지나치게 가혹하다는 지적이 제기된다. 업무와 무관한, 사생활의 영역(?)에서 발생한 사건으로 생계와 소득활동까지 제한된다니, 누구에게나 두 번째 기회는 보장되어야 한다는 주장도 나온다. 직업의 자유는 헌법상 기본권이기 때문이다. 그러나 실제로 금고형 이상이 확정될 경우 업무 관련성을 따지지 않고 결격사유로 삼는 것은 의료인뿐 아니라 변호사, 회계사, 세무사, 노무사 등 다른 전문자격 직종도 마찬가지다.

반면 마약류관리에관한법률위반 등 마약 관련 범죄는 이러한 논란에서 상대적으로 자유롭다. 마약류관리에관한법률위반은 원래부터 의료관련 법령에 해당하므로 과거에도, 법 개정 이전에도 마약범죄로 금고형 이상이 확정되면 면허 취소사유가 되었다. 의료관련법령을 위반했다는 사실 자체가 의료인의 자격 박탈의 충분한 근거가 되는 것이다.

그렇다면 최근 5년간 마약 관련 범죄를 저질렀음에도 면허를 재교부받은 의사 9명의 마약범죄는 얼마나 경미했기에 가능했을까. 마약범죄 중 가장 경미하다고 여겨지는 단순 소지범죄갖고만 있어도 처벌된다.의 경우 벌금형 선고가 가능하고, 이는 의사 등 마약류취급자가 범한 경우에도 마찬가지이다. 마약류취급자 여부를 떠나 마약 관련 범죄로 벌금형을 선고받는 경우는 흔치 않지만, 어쨌든 벌금형이 확정되었다면 결격사유에 해당하지는 않는다. 사안이 정말 경미하다면 벌금형을 선고받았겠지만, 징역형을 선고받았다면 이미 법원으로서는 면허를 취소시켜야 한다는 판단을 한 것이나 다름이 없어 보인다.**공직선거법 위반 등 선거관련 범죄로 100만 원 이상의 벌금형이 확정된다면 정치인의 당선이 무효되는 것도 같은 맥락이다.**

그러므로 마약범죄로 징역형이 확정된 자들에 대한 면허 재교부 심사는, 적어도 수년간은 의료인으로서 자격이 없다는 사법적 판단이 이루어진 자들에 대한 일종의 패자부활전이다. 당연한 말이지만, 그 부활 여부는 엄격하게 판단되어야 한다.

과연 G는 다시 메스를 잡을 수 있을까? 외형상 드러나는 G의 커리어는 훌륭하다. 국내 최고 상급종합병원 인기과 임상강사가 되기까지 G가 걸어온 길은 결코 쉬운 것이 아니다. G가 의료대란 사태에도 계속해 환자 곁을 지킨 점 역시 높이 평가되어야 한다. 그러나 그 모든 참작사유에도 불구하고, G가 마약 투약 당일에 수술 등 의료행위를 했다는 부분은 도저히 용납하기 어렵다. 이는 향후 G의 면허 재교부 심사에서 재취득 신청을 기각할 강력한 근거로 작용할 것이다.

G는 1심 판결에 대한 항소기간 막바지에 항소를 제기했다. 검찰도 항소를 제기했는데, G가 1심에서 공소사실을 전부 인정했으므로 항소심으로서는 1심 선고형보다 중한 형을 선고할 것인지, 경한 형을 선고할 것인지 여부만 선택하면 된다. 쌍방의 항소를 기각한다면 1심

선고형이 그대로 확정될 가능성이 높다. 대법원 상고심은 원칙적으로 형량의 경중을 다루지 않기 때문이다. [1]

1심의 선고형은 법정형 중 징역형의 하한에 가까운 징역 1년에 집행유예 2년이므로, G의 항소는 결국 면허 취소가 수반되지 않는 벌금형을 선고해달라는 취지로 보인다.

이러한 G의 항소는 집행유예 2년이 끝난 뒤 추가로 2년간 이어지는 결격 기간, 즉 최소 4년간 의료행위가 불가능한 현실을 받아들이기 어려운 심정을 반영한다. 한창 의술을 펼치고 가정을 설계해야 할 시기에 진로를 잃은 그의 고통이 이해되지 않는 것은 아니다. 그러나 마약에 손을 댄 의료인을 의료현장에서 그대로 두는 것 또한 용납하기 어려운 일이다. 기승전결이 뻔한 이야기지만, 마약은 결국 패가망신으로 가는 지름길이다.

---

1. 그러나, G는 후술하는 바와 같이 항소심에서 변호사를 교체한 후, '수사 개시, 공소제기 위법성'을 주장하며, 벌금형도 아닌 '공소기각 판결'을 선고해달라는 전략으로 선회했다.

　G의 범죄를 옹호할 생각은 추호도 없지만, G가 현재의 위치에 오르기까지 인고의 시간을 겪었음에도, 이 사건으로 모든 것을 잃게 된다고 생각하니 마음이 편하지 않았다. 의사로서 창창한 앞날이 보장된 '로열로드'가 한 순간에 없어지게 되니 말이다. 의사 면허도 일종의 '생계유지수단'이므로, 생계유지에 지장이 생길 우려도 배제할 수 없다. 이쯤 되면, '약쟁이'로 손가락질 받는 것은 매우 경미한 불이익으로 느껴진다.

　사실, 나와 같이 근무했던 동료 검사들 중에서는 범죄를 저질러 하루아침에 그의 책상이 '공석'이 되어버린 일이 몇 번 있었다. 그들 중 일부는 '중범죄'를 저질러 현재까지 변호사 개업도 못 하고 있다. 이렇게 공부 꽤나 했다는 사람들이 모든 것을 잃을 것을 뻔히 알면서도 범죄를 저지르는 심리는, 합리적인 이성만으로는 설명하기 어렵다. 범죄의 감흥에 취해 그 파멸의 말로가 보이지 않았던 것일까? 당사자는 말할 것도 없고, 이들을 옆에서 지켜보는 나 역시 마음이 편치 않았다.

　그러나 공부를 잘했다고, 좋은 직업을 갖고 있다는 이유만으로 그것이 유리한 참작사유가 되지는 않는다. 판사, 검사, 의사 등 직군이 범죄를 저질렀을 때, 그들에 대한 사회적 인정은 오히려 더 날카로운 칼이 되어 돌아온다. 그 칼을 휘두르는 나로서는, G의 모든 것을 빼앗아간다는 생각에 인간적인 동정심은 들면서도, 그 휘두름에 일말의 망설임은 없었다. 만약 내가 범죄를 저지를 경우 나 역시 모든 것을 잃게 될 것이다. 소중한 것을 지키기 위해서라도 범죄 근처에는 가지도 말아야 하겠다. 어떤 직업을 가지고 있든 말이다.

질서와 까마귀

A 등 실형을 선고받은 피고인들은 판결이 확정되는 즉시 '기결수' 신분으로 전환된다. 판결 확정 전에 구속된 피고인은 무죄추정 원칙에 따라 단순히 수용되어 있을 뿐 노역 등 의무를 지지 않지만, 징역형 실형이 확정되면 그 순간부터 기결수로서 법에 따른 강제노역 의무가 부과된다. 과실범에게 선고되는 금고형은 실형이 확정되어도 강제노동 의무가 없으나, 마약범죄는 고의범이므로 예외 없이 강제노역이 따른다. 원칙적으로 미결수는 구치소에, 기결수는 교도소에 수용되지만, 교정시설 과밀화 등의 사정으로 이 구분이 엄격히 지켜지지 않는 경우도 있다.

강제노역이라니, 생각만 해도 끔찍하다. 자발적 유급노동이라 쓰고 '출근'이라 읽는다도 힘겨운데, 강제노동이라면 더 말할 것도 없다. 겉으로만 보면, 강제노역을 피하려면 가능하면 미결수 신분을 오래 유지하는 것이 나아 보일 수 있다. 실형이 선고되더라도 형기는 체포·구속 첫

날부터 계산되기 때문이다. **오늘도 교도소의 시계는 돈다.**

그러나 현실은 다르다. 하루 약 30분의 운동 시간을 빼면, 나머지 시간 동안 여러 명이 좁은 방에 함께 지내며 아무 일과도 없이 보내야 하니 그 스트레스가 상당하다. 특히 마약사범의 경우 도파민에 절여진 뇌가 하루아침에 강제 해독되면서 금단증상이 심해지는 것은 당연하다. 게다가 미결수는 보석, 집행유예 선고 등으로 갑작스럽게 석방될 수도 있어, '내일이면 다시 볼 일 없다'는 인식 탓에 수용자들 사이의 내부 질서가 잘 유지되지 않기도 한다.

구치소라고 해서 교정당국의 통제가 약한 것은 아니지만, 실제로 피부로 느껴지는 것은 수용자들 사이의 힘의 질서다. 사회적 동물인 인간이 별다른 사회활동 없이, 질서 없이, 좁은 공간에 밀집되면 스트레스는 극에 달한다.

더구나 교정기관의 과밀화 문제는 어제오늘 일이 아니어서, 정원을 초과한 방에서 프라이버시 없이 '작동 시간 제한이 있는' 선풍기 한 대에 의지해 한여름을 나는 상황을 상상해 보라. **물론 형벌을 달게 받는다는 측면에서는 큰 문제가 아닐 수 있다.** 이럴 때는 차라리 강제노역이라도 하는 편이 정신건강에 나을지도 모른다. A를 제외한 이 사건의 구속 피고인들은 모두 6월에서 9월 사이 구속되었고, 2024년 여름은 유난히 무더웠다. 살인적인 더위 속에서 절규하는 그들의 목소리에 귀 기울이지 않을 수 없었지만, 내가 해줄 수 있는 일은 아무것도 없었다.

반면 기결수로 지위가 전환되면 강제노동, 종교행사, 직업교육 등 정해진 일과에 따라 마치 훈련소와 같은 생활을 한다. 각자의 형량에 따라 출소 시기를 어느 정도 예측할 수 있어, 나름의 질서가 지켜진다. 오래 볼 사이에는 함부로 하기 어렵다. 물론 미결수의 경우와 달리 면회시간과 횟수가 다소 제한되나, 형량이 길수록 면회보다는 차라리 질서가 담보되는 곳에서 안정된(?) 생활을 선호하는 것이 중론이다. 마약 등 쾌락에 찌들어 보낸 방종의 세월보다 더 값진 시간이라고 볼 여지도 있다. 게다가 주기적인 건강검진도 무료로 받을 수 있으니 좋지 아니한가.

정말 무죄임에도 억울하게 구속되었거나 공소기각의 여지가 있다면 거듭 상소를 제기해 끝까지 맞서 싸워야(?) 하겠지만, 그런 예외적인 경우가 아니라면 차라리 빨리 재판을 최대한 유리한 결과가 도출되는 방향으로 마무리하고 가석방을 노리는 것이 효율적이다. 가석방은 무기형의 경우 20년, 유기형의 경우 형기의 3분의 1이 지난 기결수를 대상으로 한다. 이 책 집필 당시 기준으로 징역 합계 5년 6월을 선고받은 A는, 형기의 3분의 1인 약 2년 4개월이 경과한 시점부터 가석방 심사를 받을 수 있는 셈이다.

형법

제72조(가석방의 요건)

　① 징역이나 금고의 집행 중에 있는 사람이 행상이 양호해 뉘우침이 뚜렷한 때에는 무기형은 20년, 유기형은 형기의 3분의 1이 지난 후 행정처분으로 가석방을 할 수 있다.

무기징역을 선고받지 않았다면, 이론적으로는 형기의 절반도 채우지 않고 출소가 가능하다. 수형생활에 지친 기결수들에게는 '그저 빛'

이다. 이에 따라 일부 형사 변호사들은 가석방 심사 업무를 전문으로 하기도 한다. 하지만 법적으로 가석방 신청권은 오직 교도소 소장에 게만 부여되어 있다. 소장은 교정성적이 우수하고 진심으로 반성하는 등 재범 위험이 없다고 판단되는 수형자를 대상으로, 분류처우위원회의 의결을 거쳐 가석방 적격심사 신청 대상을 선정하고 실제로 가석방 신청을 한다.

즉, 가석방은 전적으로 교정기관의 권한이며, 수형자나 가족, 변호인에게는 법적 신청권조차 없다. 실제로는 수형자나 가족이 교도소 소장에게 가석방 신청권 발동을 촉구하는 민원을 제출할 수 있으나, 최종 판단과 결정은 일선 교도소 소장의 몫이다. 따라서 조기에 가석방을 노리는 수형자라면 구치소 입소 첫날부터 꾸준히 모범적이고 성실한 생활을 하는 것이 무엇보다 중요하다.

형의 집행 및 수용자의 처우에 관한 법률

제121조(가석방 적격심사)

① 소장은 「형법」 제72조제1항의 기간이 지난 수형자에 대해는 법무부령으로 정하는 바에 따라 위원회에 가석방 적격심사를 신청해야 한다.

② 위원회는 수형자의 나이, 범죄동기, 죄명, 형기, 교정성적, 건강상태, 가석방 후의 생계능력, 생활환경, 재범의 위험성, 그 밖에 필요한 사정을 고려해 가석방의 적격 여부를 결정한다

형의 집행 및 수용자의 처우에 관한 법률 시행규칙

제245조(적격심사신청 대상자 선정)

① 소장은 「형법」 제72조제1항의 기간을 경과한 수형자로서 교정성적이 우수하고 뉘우치는 빛이 뚜렷해 재범의 위험성이 없다고 인정하는 경우에는 분류처우위원회의 의결을 거쳐 가석방 적격심사신청 대상자를 선정한다. 〈개정 2010. 5. 31.〉

② 소장은 가석방 적격심사신청에 필요하다고 인정하면 분류처우위원회에 수형자를 출석하게 해 진술하도록 하거나 담당교도관을 출석하게 해 의견을 들을 수 있다.

그러나 애초에 '바른 생활'을 실천할 수 있었다면 교도소에 들어올 일도 없었을 것이다. 사회에서 마약에 절어 살아온 이들이 갑자기 엄격한 규율 속 수형생활에 적응하려니 당연히 반발이 따를 수밖에 없다. 일명 '까마귀'라 불리는 교도소 CRPT는 교정기관 내 질서를 유지하는 기동순찰팀으로, 비상 시 수형자 난동 등을 진압하는 것이 주 임무지만 평상시에는 순찰과 거실 검사 등을 통해 규율 위반 행위를 적발한다.

재소자가 규율을 어기면 '규율위반행위 적발보고서'일명 '스티커'가 작성되어 개인별 명부에 기록되며, 위반이 누적되면 징벌위원회에 회부될 수 있다. 이 사건의 구속 피고인들 역시 CRPT에 적발되는 일이 잦았고, 아무리 '범틸'이라도 CRPT 앞에서는 순한 양이 되는 반면, 사회 경험이 적은 대학생 피고인들은 마찰 끝에 그야말로 '참교육'을 당했다. 다행히 명문대에 진학할 정도의 머리였던 덕에 한두 차례의 참교육 이후에는 더 이상 큰 말썽 없이 지냈다.

실형 선고 확정으로 기결수가 되면 교정시설 경비등급별 수형자의 처우 등에 관한 지침에 따라 등급분류 심사를 받아 총 4개로 구분된 등급을 부여받는다. 가장 높은 등급개방처우급 이른바 '1급 모범수'을 부여받는다면 가석방을 기대해 볼 수 있다. 가석방 외에도, 도서실·자율학습실 이용, 지상파방송 자율시청, 가족만남 등 적지 않은 혜택을 누릴 수 있다. 개방처우급 분류를 받은 모범수들의 일과는 90년대 일병의 그것과 크게 다르지 않아 보인다.

교정시설 경비등급별 수형자의 처우 등에 관한 지침 별표

구분	개방처우급	완화경비처우급	일반경비처우급	重경비처우급
도서실 이용	자율 이용	필요시 이용	불허	불허
자율학습실 이용	이용 가능	필요시 이용	불허	불허
집중인성교육	필수 교육	필수 교육	필수 교육	필수 교육
텔레비전 시청	교화방송 시청 또는 지상파방송 자율시청	교화방송 시청 원칙, 필요시 지상파방송 자율시청	교화방송 시청	교화방송 시청 가능
자기사진 촬영, 송부	연2회 이내 (시험응시 등은 예외)	연2회 이내 (시험응시 등은 예외)	특히 필요시 (시험응시 등은 예외)	특히 필요시 (시험응시 등은 예외)
취미, 특기 활동	자율 활동	허가	필요시 허가	필요시 허가
연극, 문화 공연 관람	허가	허가	허가	제한적 허가

*자료: 법무부

교정시설 경비등급별 수형자의 처우 등에 관한 지침 별표

구분	개방처우급	완화경비처우급	일반경비처우급	重경비처우급
일반귀휴	허가	허가	특히 필요시 허가	불허
사회견학	허가	허가	특히 필요시 허가	불허
봉사활동	허가	허가	특히 필요시 허가	불허
가족만남의 날	허가	허가	특히 필요시 허가	불허
가족만남의 집	허가	허가	특히 필요시 허가	불허
외부종교 행사 참석	허가	허가	특히 필요시 허가	불허
외부연극, 문화 공연 관람	필요시 허가	필요시 허가	특히 필요시 허가	불허

*자료: 법무부

미결수의 규율위반행위나 징벌 등이 등급분류 심사에 중요하게 작용할 것은 불을 보듯 뻔하다. 구속되자마자 등급분류 심사를 염두에 두고 바른생활을 해야 하는 이유가 바로 여기에 있다. 그런데 이 사건 구속 피고인들의 구속 직후부터 검사실에는 이들의 규율위반 행위가 계속적으로 통지되었다. 교정기관은 재소자들의 규율위반 행위를 담당 검사실과 재판부에 지속적으로 통보하고, 주임검사와 재판부는 이를 적극적으로 양형에 반영한다. 괜히 대들었다가 등급분류 심사는 물론, 형이 늘어날 수 있다. CRPT에 적발되어 징벌을 받은 내역도 확인되었는데, 단순 규율위반 행위는 일정 기간이 지나면 기록에서 삭제될 수 있지만, 징벌은 가석방을 위한 등급분류 심사에는 치명적이다. 물론 가석방 여부와 무관하게 진정한 반성을 했다면 애초에 규율을 위반하지도 않겠다.

다행히(?) 대부분의 구속 피고인들은 집행유예로 석방되었지만, 중형을 선고받은 A 등이 과연 무사히 가석방을 받을 수 있을지 의문이다. 가석방을 논하기 전에 먼저 준법의식을 갖춰야 한다. 교도소도 작은 사회이다. 출소 이후부터 법을 지키는 것이 아니라, 수형생활 당시부터 주어진 규칙에 순응하는 법을 다시 배워야 한다. 이번을 계기로 새로운 사람으로 태어나지 못한다면, 출소 후에도 밝은 미래를 장담하기 어렵기 때문이다.

<table>
<tr><td>수사노트</td></tr>
<tr><td>마약범죄로 구속된 수사 대상자가 가장 두려워 하는 것은 수용실의 열악한 환경도, 동료(?) 수감자들과의 다툼도, '까마귀'도 아니다. 바로 '추가건'이 뜨는 것이다.
말 그대로 '추가 사건'으로 입건되어 수사를 받게 되면, 가석방 가능성은 0%에 수렴하게 된다. 마약범죄는 개별 투약</td></tr>
</table>

행위 그 자체가 별개의 독립된 범죄를 구성하므로, 〈2024. 1. 1.경〉, 〈2024. 2. 1.경〉, 〈2024. 3. 1.경〉 총 3회에 걸친 마약 매매, 투약으로 이미 유죄판결이 확정되었더라도, 〈2024. 1. 15.경〉의 마약 매매, 투약 범행이 뒤늦게 적발된다면 영락없이 '추가건'으로서 수사, 재판을 받아야 하는 것이다. 처음 수사를 받을 때 모든 여죄를 한꺼번에 진술해 '한 큐에' 수사, 재판을 받으면 되겠지만, 막상 아무도 들추지 않은 자신의 허물을 먼저 드러낼 것을 기대하긴 어렵다.

이 사건 수사 대상자도 '추가건'을 두려워했다. 동아리를 통해 마약이 유통된 사건 특성상, 누구로부터 자신의 마약 범행이 튀어나올지 쉽게 예측하기 어려웠나 보다. 사정 이렇다보니, 냉큼 자수서를 내버리는 경우도 있었다. 구속되기 전에는 마약 근처에도 가보지 않았다고 당당히 잡아뗐지만, 막상 구속되고 나니 내가 전혀 예상하지도 못한 여죄들이 튀어나왔다. 신속히 여죄를 수사해서 재판이 진행 중인 사건에 '병합'을 해달라는 것이 요망사항이었다. 빨리 수사와 재판을 끝내서 최대한의 선처를 받고, 신속히 가석방을 노리자는 전략이었다. 결국 수사의 꽃은 '구속'이다. 억울한 사람을 가두지 않았다는 전제 하에서는, 소중한 자유를 박탈당해야 정의 앞에 무릎을 꿇게 된다. 그 이후부터 수사는 급물살을 타게 된다.

그러나 이 사건 수사 대상자 중에는 자수서를 낸 동아리원과 달리 머리가 잘 돌아가지 않는 친구도 있었는데, 마치 타조가 모래더미 안에 머리를 박는 것처럼 증거가 명백함에도 끝까지 범행을 부인한 자에게는 '사건번호' 기준 무려 6건의 수사가 진행되었다. 처음부터 인정할 것은 인정하고 한두 개의 사건으로 수사를 받아 병합된 재판을 받으면 될 것을 말이다. 이 사건 수사를 처음 개시한지 2년이 지났지만, 아직도 그에 대한 추가 수사가 진행되고 있는 것으로 파악했다. 일말의 가석방 가능성도 찾아보기 어려운 그의 수감생활에 희망은 있을까?

5장
마약이 휩쓸고 간 자리

폐허의 콜렉션

이번 사건도 매우 충격적이지만, A의 친구로 명문대생이었던 다른 마약사범 K의 이야기도 기구하다. A와 K는 집도 가까운 동창 관계로, 남들은 수능을 몇 번 보더라도 가기 어려운 명문대 학부에 입학했다. 교우관계나 가정환경도 평균 이상이었으므로, 여기까지만 보면 훈훈한 우정으로 보인다. 안타깝게도 K가 먼저 마약의 늪에 빠져들었는데, 적어도 학부는 무사히(?) 졸업하고 마약에 손을 댄 A와 달리 K는 학부 시절부터 마약을 매매하던 중 덜미를 잡혀 중형을 선고받고 장기간 복역했다.

K의 마약 매매방법은 공급상선으로부터 텔레그램 메신저를 통해 지시를 받고 소분된 마약을 다세대주택가 소화전 등 은밀한 장소에 은닉하는 이른바 '던지기' 방법으로 스마트폰, 특히 텔레그램 메신저 보급 이후 현재까지 기승을 부리는 방식이다. 정작 대부분의 범행수익은 손에 피 한 방울 묻히지 않는 공급상선이 가져간다. 하지만, 실

제로 소분된 마약을 은닉하는 K와 같은 일명 '드라퍼'들이 얻는 수익은, 이들이 수사기관의 추적에 노출되는 위험에 비추어 생각보다(?) 크지 않다. 정말 생계가 어렵다면 모를까, 누구나 선망하는 명문대에 당당히 입학한 K가 드라퍼 활동을 했다는 것에 경악을 금할 수 없었다. 과외 학생만 잘 구하면 과외 수익이 드라퍼 수익을 상회할 수도 있을 텐데 말이다.

더욱 충격적인 것은, K는 초범임에도 중형을 선고받았음에도 다시 마약에 손을 대 재차 구속되어 현재까지 복역 중이다. 국내 최고의 명문대생이 출소로부터 1년도 지나지 않아 다시 동종마약범죄로 구속된 것을 보니, K에게 있어 수형생활은 별다른 교화 효과가 없었던 것이 확실하다. 말을 강제로 우물가로 끌고갈 수는 있지만, 억지로 물을 먹일 수는 없는 일이다. K는 각 수형생활 사이의 1년 남짓한 기간 동안 A 및 이 사건 동아리원들을 만나 어울렸는데, 안타깝게도 그 어울린 자리에도 대부분 마약이 자리했다. K 입장에서는 찬란하게 빛나야 할 청춘의 적지 않은 시간을 교도소에서 보냈으니, A와 동아리 회원들이 노는 모습을 동경할 수밖에 없었으리라. 실제로 K는 동아리 가입에도 관심을 보였다.

한때 마약에 손을 대고 실형까지 복역했더라도, K로서는 늦게나마 젊음을 당당히 즐길 수 있었다. A와 친분을 유지하고 이 사건 동아리에 가입했더라도, 여전히 마약과 거리를 두고 얼마든지 새로 시작할 수 있었다. 그러나 장기간의 복역으로 매운맛을 본 이후에도 마약의 망령에서 벗어나지 못했다.

K는 A와 수회에 걸쳐 적지 않은 금액의 금전거래를 하며, 그중 일부를 A의 요청에 따라 '코인세탁'을 거쳐 마약 공급상선으로 의심되는 자에게 전송했다. A와 K가 이렇게 수상하고 불법적인 거래를 하면서 추적이 쉬운 자기 명의의 계좌송금·코인전송을 했는지 여부는 지금도 선뜻 납득되지 않는다. 물론 대한민국 최고 명문대에 당당히 입학할 정도로 똑똑했던 이들이 마약에 빠진 것부터 기가 막힐 일이다.

A는 나름의 방식으로 출소한 지 얼마 되지 않은 K를 품어준(?) 것으로 보인다. 물론 A와 함께 마약에 손을 댄 동아리 회원 중에는 이미 별건 범죄로 실형을 복역한 자가 있었으니, A에게 있어 전과자와 어울리는 것은 큰 문제는 아니었겠다. A는 갓 출소한 K에게 큰 돈을 빌려주기도 했는데, K는 이미 첫 번째 구속 전에 A로부터 빌린 돈을 갚지 못한 전력이 있었다. A는 왜 추가로 돈을 빌려줬을까? 그런데 웃지 못할 일은 그 다음에 일어났다. A는 K로부터 추가로 돈을 빌려준 약 3개월 이후 K가 돈을 갚지 않는다며 사기죄로 고소하고, 이어서 민사소송을 제기했다. 이들의 뜨거웠던 우정이 깨진 이유는 무엇일까? 여기서도 마약이 등장한다.

일반인 입장에서는 무척 부러운 일이다. A는 별다른 소득활동 없이도 K에게 천만 원이 훨씬 넘는 돈을 빌려줄 정도의 재력이 있었나 보다. 아무래도 A보다는 K가 마약에 있어서는 '선배'였기 때문에, A 역시 마약을 접할 초기에는 K의 도움이 필요했던 것으로 보인다. 아무리 마약을 구하기 쉬운 시대가 왔다고 하지만, 그렇다고 식음료처럼 길에 보이는 아무 편의점이나 들어가서 돈만 내밀면 살 수 있는 것은 아니다. A는 범행 초기에는 K 등 제3자를 통해 마약을 구하려 했던 것으로 보이는데, 이미 신용이 상당히 떨어진 상태인 K에게 큰 액수의 돈을 빌려줄 수 있던 이유는 이런 '불순한 목적'과 무관하지 않아 보인다.

그러나 뭐든지 불순한 것은 오래가지 못한다. 꼬리가 길면 잡히고, 결국 마지막에 승리하는 것은 '진실과 상식'이다. 적어도 나는 그렇게 믿고 있다. 조폭간 의리를 미화한 영화·드라마가 큰 인기를 끌고 있다지만, 일반적인 교양과 상식을 갖춘 사람이라면 미디어에 비친 조폭간 의리에 감동까지 하지 않는다. 실제로 대부분의 조직폭력배 사건은 금전분배·여자문제 등으로 의가 상해버린 조직원 중 일부의 제보와 폭로가 수사의 단서이다.

A와 K의 관계도 마찬가지였는데, 사건의 발단은 K가 A의 연락을 받지 않고 며칠간 잠수를 타버리자, A가 K의 집에 찾아가 K의 가족을 만나 K가 마약범죄에 연루된 것을 발설한 것으로 보인다. 그동안 A와 K가 보여준 뜨거운 우정에 비추어, 이 정도의 일은 단순 해프닝으로 끝날 여지도 있어 보였다. 그러나 A 입장에서는 K가 잠수를 타면서 자신의 마약범죄가 드러날 우려를 배제할 수 없었고, K 입장에서는 A가 임의로 자신K의 집에 찾아가 가족 앞에서 자신의 치부마약범죄 연루를 드러낸 것을 참을 수 없었나 보다. 물론, 애초에 마약범죄에 연루되지 않았다면 발생하지 않았을 일이지만.

A는 K와 심하게 말다툼한 이후 K를 사기죄로 고소하고, 빌린 돈

을 갚으라는 취지의 민사소송을 제기했다. 물론 지난날의 정(?)이 남
아 있었는지, 겉으로는 죽일 듯이 달려들어도 물밑으로는 변호사를
통해 간접적으로 소통하거나, K가 수용된 구치소에서 접견을 시도
했다. 눈썰미 좋았던 위 사기 고소사건 담당 경찰관은 이런 이례적인
상황을 상세히 기록했는데, 특히 대질조사 당시 K가 A의 마약범죄를
주장한 내용을 놓치지 않았다. 그때까지만 하더라도 A의 마약범죄는
수면 위로 드러나지 않았다. 돌이켜 보면 A의 마약범죄는 A가 체포·
구속되기 전부터 그 긴 꼬리의 일부가 노출되었던 것으로 보인다.**꼬리
가 길면 잡힌다.** A의 고소와 민사청구로 인해 궁지에 몰린 K는 자신의 계
좌 거래 내역, 코인 전송내역 등을 임의제출하면서까지 A에게 불리한
진술을 이어갔다. 특히 A의 요구로 코인을 전송하기 위해 적지 않은
수수료를 부담하며 복수 이상의 거래소와 '일회용 전자지갑'을 사용
한 경위에 관해 상세히 진술했다.

　모든 코인거래를 색안경을 끼고 보아서는 안 되겠지만, 이들이 그
좋은 머리를 고도화된 코인세탁에 활용해 수사기관의 추적을 피하는
구체적인 모습을 확인하노라니, 대학입시 위주의 교육제도 전반에 대
한 불신마저 들 정도였다. '불우함'과는 거리가 먼 삶을 살아왔고, 우
리 교육제도 정점에 있는 명문대에 입학하는 성공을 거뒀음에도 용
서받기 어려운 범죄를 저지른 이유는 무엇일까? 어디서부터 잘못된
것일까?

　A가 K를 사기죄로 고소한 사건의 경찰 수사는 매우 충실하게 이
루어졌는데, 경찰은 A가 K에게 돈을 빌려주고 변제받지 못한 사실관

계는 인정하면서도, A의 고소 내용돈을 빌려준 명목, 원리금 상환여부 등을 그대로 믿기 어렵다면서 혐의없음을 이유로 불송치 결정을 했다. 반면 A가 K를 상대로 제기한 민사소송에서는 원고A 승소 판결이 선고되는, 다소 상반되어 보이는 결론이 도출되었다. A는 불송치 결정에 대해 이의신청을 하지 않았고, K 역시 자신이 패소한 민사 1심판결에 항소하지 않는, 결과에 승복(?)하는 모습을 보였다.

물론 단순히 돈을 빌렸으나 갚지 않았다못했다는 이유만으로 사기죄가 성립하지는 않는다. 그러나 위 불송치 결정과 1심 선고는 A와 K의 각 주장과는 모순된다. A와 K의 주장 중 일부가 거짓이거나, 경찰 수사와 법원 판결에 오류가 있는 것일까? 이들은 왜 1차적인 판단결과에 불복하지 않았을까?

A는 K를 사기로 고소한 사건 불송치 결정이 나온 뒤 약 두 달 후 체포·구속되었다. 두 달이라는 시간은 수사결과통지서를 살펴보고 불복이의신청 여부를 결정하기에 결코 짧은 시간은 아니다. 그럼에도 A는 불송치 결정 이후 아무런 불복절차에 나아가지 않았고, 더구나 K를 사기죄로 고소한 사건이 검찰에서 무고죄로 인지된 이후에도 이의신청을 하지 않았다. 자신 역시 구속된 뒤 오랜 수감생활을 했던 K의 심정을 어느 정도 이해하게 된 것일까, 아니면 동병상련의 감정이 생긴 것일까.

거듭된 구속으로 사실상 가족과도 절연한 K는 영치금이 이미 바닥난 지 오래였다. 법원이나 검찰에서 소환 요구가 있을 때 출정 담당 교도관이 호송을 담당하지만, 민사소송 기일 참석과 같이 형사사건과 직접 관련 없는 절차에 참여하는 데 드는 비용은 영치금으로 자비 부담해야 한다. 소송 당사자가 직접 참석할 수 없으면 변호사를 선임해 대리 대응해야 하는데, K는 변호사 선임료는커녕 영치금 부족 탓에 구치소 내 식음료 자비 구매조차 마음대로 하지 못하고 있었다. 단돈 1,700원이 부족해 꿀호떡 하나 사먹지 못하는 처지가 된 것이다. 눈물없이 들을 수 없는 스토리는 더 많다. 마약이 휩쓸고 지나간 자리에는 '폐허의 콜렉션'만이 남는다.

안양교도소 수용자 자비구매물품 공급계획표

요일 / 품목	월요일(우표, 식품) [미결, 미지정 수용동]	화요일(식품) [작업자(작업장)]	수요일(생활용품) [전체 수용자]	목요일(식품) [미결, 미지정 수용동]	금요일(식품) [작업자(수용동)]
빵1700 / 스낵1700 / 컵라면1700	공지 · 4(금) 스낵, 비스킷, 사탕 공급 불가(업체휴무) · 4(금), 21(월) 단선, 이온음료 공급 불가(업체휴무)	1 임시 공휴일	2 골든단팥빵 / 도리토스 나쵸치즈 / 롱새라면(1700류)	3 개천절	4 꿀데니쉬 / 도리토스 나쵸치즈 / 롱새라면(1700류)
빵1700 / 스낵1700 / 컵라면1400	7 꿀데니쉬 / 꼬깔콘 매콤달콤맛 / 왕뚜껑(1400류)	8 초당옥수수크림빵 / 꼬깔콘 매콤달콤맛 / 왕뚜껑(1400류)	9 한글날	10 초당옥수수크림빵 / 꼬깔콘 매콤달콤맛 / 왕뚜껑(1400류)	11 완두완두팡 / 꼬깔콘 매콤달콤맛 / 왕뚜껑(1400류)
빵1700 / 스낵1700 / 컵라면1400	14 완두완두팡 / 오잉노가리칩 청양마요맛 / 김치왕뚜껑(1400류)	15 골든단팥빵 / 오잉노가리칩 청양마요맛 / 김치왕뚜껑(1400류)	16 골든단팥빵 / 오잉노가리칩 청양마요맛 / 김치왕뚜껑(1400류)	17 삼립꿀호떡 / 오잉노가리칩 청양마요맛 / 김치왕뚜껑(1400류)	18 삼립꿀호떡 / 오잉노가리칩 청양마요맛 / 김치왕뚜껑(1400류)
빵1700 / 스낵1700 / 컵라면1300	21 초코바나나머핀 / 오잉 / 비빔면(1300류)	22 초코바나나머핀 / 오잉 / 비빔면(1300류)	23 실키파운드케익 / 오잉 / 비빔면(1300류)	24 실키파운드케익 / 오잉 / 비빔면(1300류)	25 초당옥수수크림빵 / 오잉 / 비빔면(1300류)
빵1700 / 스낵1700 / 컵라면1400	28 초당옥수수크림빵 / 치토스 매콤달콤맛 / 짬뽕왕뚜껑(1400류)	29 허쉬초코롤 / 치토스 매콤달콤맛 / 짬뽕왕뚜껑(1400류)	30 허쉬초코롤 / 치토스 매콤달콤맛 / 짬뽕왕뚜껑(1400류)	31 크림치즈파운드 / 치토스 매콤달콤맛 / 짬뽕왕뚜껑(1400류)	필독 ※구매카드 마킹법※ ● :100% 꼭찬 원형(O) ◎ ◑ · V : 오류처리

공급기간(주단위)	과일(IMR)[변경시 고지]	공급기간(월단위)	사탕3000류	사탕1200류	초코바1500류	파이5400류	파이6600류	비스킷3300류	비스킷1700류
월요일~금요일	1. 사과(014) 2. 복숭아(020)	10월	밀탱카우 밀크	옥캔디 허브	복댕 아몬드&그래놀라	초코파이 정	오뜨 쇼콜라	마가켓트	해비스트

※ 위 사항은 신청일이 아닌 공급일 기준이며, 공급업체 사정으로 변경될 수 있습니다. • 신청서 작성시 검은색 싸인펜 이용하시길 바랍니다.(빨간색 불가, 연필 불가)
■ 샘플품은 매주 수요일 공급(문구·잡화류 등) ■ 우표는 매주 월요일 공급(품목별 가격: 50원, 430원, 1,800원, 2,530원, 3,530원) [※ 품목당 30장까지 구매, 환불불가]
☞ 음식물은 변질 및 식중독 우려가 있으므로 장기보관하지 말고 적정량만 구매하고, 개봉 즉시 취식하시기 바랍니다. [★ 유통기한은 냉장보관 시 적용됨]
☞ 자비구매물품 신청서는 본인이 직접 작성 및 서명하여야 하며, 본인 외의 사람이 대리신청하거나 공동구매하는 경우에는 조사·징벌 처분을 받을 수 있습니다.
☞ 수용자 구매물은 물품에 하자가 있는 경우 등을 제외하고 영치금으로 환불 또는 교환이 불가하며, 민원인 견견물은 제품의 하자가 있는 경우 등에 해당 시 동일품목으로 교환만 가능하고 영치금으로의 환불 및 접견물 취소는 불가합니다. [★ 생활용품 환불 및 교환은 다음주 월요일에 신청하고, 수요일에 환불 및 교환 처리됨 / 1주일내]
☞ 자비구매물품 신청서에 칭호번호와 성명이 서로 다른 경우나 구매신청 품목의 코드번호를 정확하게 마킹하지 않은 경우, 영치금 잔액이 부족한 경우, 식품 4만원이 초과되는 경우 신청건이 삭제처리됩니다. 미결 및 미지정수용자는 각 수용거실에서, 작업수용자는 각 작업장 또는 수용거실에서 신청하시기 바랍니다.

*출처 : 교정본부 공식 누리집

K는 영치금 부족으로 인해 항소를 제기하지 않았다고 주장했다. 설령 항소를 했더라도, A로부터 빌린 돈의 대부분을 갚지 않은 사실은 변함없었겠지만, 일부 원리금 변제를 주장함으로써 출소 후 부담

해야 할 채무를 조금이라도 줄일 수 있었을지도 모른다는 생각이 들었다. 이러한 사정은 기존 사건 기록에서는 확인되지 않았고, 내가 K가 수형 중인 교정기관을 직접 방문해 조사하는 과정에서 알게 된 것이었다.

낯선 검사에게 K가 이처럼 속깊은 이야기를 털어놓은 것은, 재소 동료들 외에는 변변한 면회객도 없고, 영치금을 보내주는 가족도 없는 상황에서 느낀 깊은 외로움 때문이었으리라. 한때 국내 최고의 명문대 입학으로 주변에 부러움을 샀던 모습이 있었겠지만, 마약이 지나간 자리에는 아무 것도 남아있지 않았다.

반면 A는 K와 달리 주기적으로 가족 면회와 변호사 접견을 통해 외부와 활발히 소통했다. K의 접견기록부는 수년이 지나도록 단 한 건의 기록도 없이 깨끗했지만, A의 접견기록부는 다양한 접견 기록으로 빼곡해 극명한 대조를 이루었다. 영치금도 넉넉했다. 사회에서처럼, 구치소와 교도소 안에서도 A는 원하는 것 대부분을 손에 넣을 수 있었다. '자유'를 제외하고 말이다.

한때 두 사람은 같은 교실에서 공부하며 입시 성공의 기쁨을 나눴다. 공교롭게도, 각자가 진학한 대학은 매년 대규모 체전을 비롯해 치열하게 맞붙는 전통의 라이벌 관계였다. 그러나 이제, 같은 수의를 입은 채로도 두 사람은 전혀 다른 현실을 마주하고 있었다.

　　실제로 대부분의 마약범죄는 '믿었던 친구나 연인'의 권유로 시작된다. 우정과 사랑으로 포장된 마약의 달콤한 유혹은, 결국 파국으로 끝난다. 적어도 나의 경험에 따르면, 단 한 번의 예외도 없었다. 만약 A가 K를 만나지 않았다면 어땠을까? K 역시 그에게 마약을 권유한 자를 만나지 않았다면? 어쩌면 그들은 현재 우리 주변에서 일상적인 삶을 누렸을 것이다. 실제로 마약을 권유하거나 권유받은 정황은, 각자에 대한 형을 정하는 과정에서 꽤 중요한 '참작사유^{양형사유}'로 거론된다. 그러다 보니, 한때는 친구, 연인이었던 자들이 서로에게 마약 권유의 책임을 미루는 진흙탕 싸움도 자주 목격한다.

　　대부분의 범죄가 그렇지만, 특히 마약범죄 수사에서는 인간에 대한 환멸을 쉽게 느낄 수 있다. 서로가 서로를 만나지 않았더라면, A와 K는 물론 그 가족마저도 파국을 피할 수 있었으리라. 결국 마약 그 자체 못지않게 나쁜 것은, 마약을 친구나 연인과 함께하고자 하는 이해못할 마음가짐이다. '사회적 동물'로서의 인간의 습성인 것일까? 수사를 마무리해가며, 이들의 행복했던 시간을 괜시리 상상하며 쓸쓸함을 곱씹게 되었다.

진짜마약과
가짜마약

이 사건 수사 대상자 대부분은 범행을 전면 자백했다. 수사 단계에서 자백하지 않더라도, 공판 단계에서는 전부 자백하고 선처를 구하는 모습을 보였다. 물론, 이들의 범행을 전부 밝히지 못했고, 이들이 전부 자백할 경우 여죄 수사를 받지 않을 수 있다는 전략적 판단을 했을 가능성을 배제할 수 없다.

그러나 수면 위로 명백하게 드러난 부분을 끝까지 전면 부인한 H는 오래도록 잊지 못할 것 같다. 일부 정신이상자들을 제외하고 정상적인 삶을 살아온 성인이 '납득하기 어려운 변명'으로 공판 단계까지 일관하는 경우는 쉽게 찾아보기 어려웠다. H가 바로 그러했는데, 번듯한 외모에 우수한 학력을 가진 H의 주장 핵심은 바로 '가짜마약'이었다.

가짜마약이라니. 마약에 진짜가 있고 가짜가 있단 말인가. 이른바

'몰래뽕'자신 몰래 제3자가 음료에 마약을 넣어 비자발적으로 투약하게 되었다는 주장 등 마약범죄에서 자주 등장하는 변명에는 익숙하다. 하지만, 마약을 일반 의약품으로 바꿔치기한 것도 아닌, 애초에 가짜마약을 만들었다는 주장은 실소를 금할 수 없을 만큼 터무니없었다.

H는 성명불상의 마약류 딜러와 공모해 A에게 LSD를 판매한 공소사실로 기소되었다. 수사와 재판 내내 A에게 판매한 LSD가 마약이 아닌, 시중(?)에서 유통되는 LSD의 이미지 파일을 사진인화용지에 인쇄하는 방법으로 제작한 가짜마약이라는 주장으로 일관했다.

실제로 LSD는 보통 가루나 알약이 아닌, 정사각형 모양의 종이 형태로 유통된다. 복잡한 화학식을 통해 생산된 강력한 환각물질인 '라이서직 애시드 다이에틸아미드Lysergic Acid Diethylamide'용액에 적신 종이는, 겉모습만 보면 우표나 크리스마스 씰과 닮았다. 물론, 우표나 크리스마스 씰을 입에 넣는다고 해서 환각 효과가 발생하지는 않는다. 만약 H의 주장이 사실이라면, H에게는 A를 속여 '가짜마약' 구매

LSD 촬영 사진

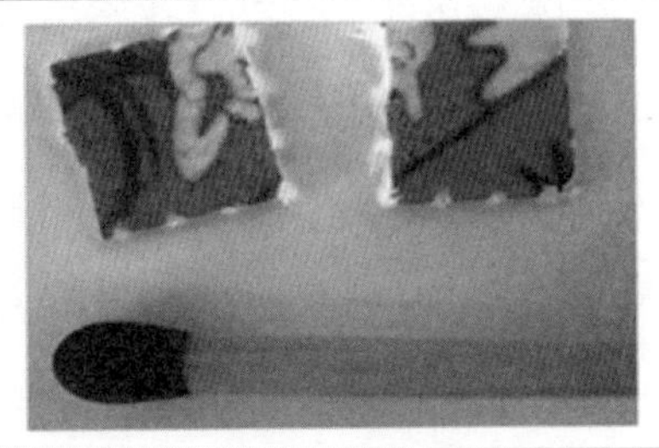

*출처 : 대검찰청 발간 〈2023년 마약류 범죄백서〉

대금 명목으로 돈과 가상화폐를 지급받아 편취한 사기죄가 성립할 여지도 배제할 수 없다.

A가 K뿐만 아니라 H를 통해서도 LSD를 구하려 했던 이유는, 텔레그램 등 비대면 마약 거래에서 사기를 당할 위험이 높기 때문이다. 실제로 중고나라에서 거래 사기를 당하는 것처럼, 마약 구매자들도 돈을 지불한 뒤 마약이 숨겨진 장소의 좌표만 받고, 정작 현장에는 아무것도 없는 경우가 허다하다. 이런 불법 거래는 대부분 선불로 이루어진다.

이쯤 되면, 마약을 실제로 사려는 시도마약류 매매범행이 미수에 그쳐도 처벌된다.와 마약을 판매하는 척하며 '먹튀'하는 사기 행각 중 어느 쪽이 더 악질인지 구분하기 어렵다. 하지만 중고나라 거래와 달리, 마약 대금을 사기당했다고 경찰에 신고할 수는 없다. 마약 대금 사기를 신고하면 곧바로 마약 매수 미수범죄를 자수하는 셈이 되기 때문이다.

H의 주장대로라면 A는 H로부터 가짜마약을 구매해 투약까지 것인데, A가 H로부터 구매한 LSD를 투약한 장소에는 A와 H뿐 아니라 A의 당시 여자친구 등 다른 동아리 회원들도 있었다. 투약 이루어진 것은 고급호텔 스위트룸에서 이루어진 동아리원의 생일파티였는데, H 주장이 맞다면 H를 제외한 나머지 인원들 모두 '가짜마약'을 투약한 것이다. 친구들이 마약에 손대지 않도록 일부러 가짜마약을 만들어주다니, 참으로 대단한 정성 아닌가.물론 그 정성에 대한 대가로 돈까지 챙기긴 했지만.

이 범행의 전모는 이후 파티에 참석했던 사람들이 자수하면서 밝혀졌다. 상식적으로 가짜마약을 투약한 사람이 처벌을 감수하면서까지 자수할 이유는 없다. 아무리 플라시보 효과위약 효과라는 개념이 존재한다 해도, 향정신성의약품인 LSD를 투약한 뒤 느낀 강력한 환각 효과를 구체적으로 묘사하는 것은 현실적으로 어려운 일이다. 위 파티 참석자들이 진술한 투약 효과는 실제 경험한 사람만이 알 수 있을 정도로 상세했고, 서로 진술에서 공통되는 부분도 다수 확인됐다. 그럼에도 불구하고 H가 여전히 '가짜마약'을 주장했다.

참고로 LSD의 환각 효과는 매우 치명적이다. 도쿄 지하철 사린가스 사건의 주범 아사하라 쇼코, 미국 히피문화의 몰락을 촉발한 살인마 찰스 맨슨 등도 정상적인 가정을 이루고 두 명 이상의 자녀가 있었음에도, 엽기적이고 잔혹한 범죄를 저지른 배경에는 LSD 환각 효과의 누적이 영향을 준 것으로 보인다. 이처럼 강력한 LSD의 환각 효과를 단지 플라시보 효과로 설명한다는 것은 도무지 납득하기 어렵다.

H의 기괴한 주장은 여기서 그치지 않았다. H가 가짜마약을 판매한 방식은 앞서 소개한, 텔레그램을 통한 비대면 마약거래 방식인 '던지기' 수법과 동일했다. H는 평소 자신이 마약을 거래하는 상대방 딜러로부터 LSD가 은닉된 장소좌표를 받아 A에게 전달하고, A로부터 마약 대금을 받아 다시 위 딜러에게 전달하는 방식이었다. A와 그 딜러가 직접 연락하거나 금전거래를 하는 것이 아니라, H가 그 중간자 역할을 함으로써 A와 딜러 사이에 상호 신원이 노출되지 않는, 마치 007 작전을 방불케 하는 방법이다. H가 A에게 전달한 LSD 은닉장소

는 다세대 주택이 밀집한 한적한 골목길의 소화전이었는데, A와 다른 동아리원들은 비싼 돈을 주고 예약한 고급호텔에서 차를 끌고 나와 위 골목길에서 '합동 수색작전'을 펼쳤다.

수색작전이 이루어진 골목길은 H의 주거지 근처도 아니었다. H의 주장이 맞다면, H는 컬러 인쇄기를 이용해 LSD 이미지를 사진인화용지에 인쇄한 다음 이를 소분 포장해 위 골목길까지 이동해 소화전에 미리 숨겨두고, 다른 장소로 이동한 다음 그 은닉장소를 A에게 알려주어 A와 그 일행들로 하여금 수색하게 하는 '보물찾기'가 이루어진 셈이다. 워낙 황당한 주장이라 소개하기도 쉽지 않다. 무슨 소리인지 단번에 이해되지 않는다면 절대로 독자의 탓이 아니다. '말을 해도 못 알아들으니 이길 자신이 없다'는 진중권씨의 명언처럼, 애초에 터무니없는 주장은 이해하고 싶어도 이해할 수 없다.

H는 수사 및 재판에서, A 등 동아리원들과 친해지기 위해 평소 '마약을 자주 투약했고, 신뢰할 만한 공급망 딜러을 확보했다'는 취지로 자주 말하고 다닌 사실을 인정했다. 그러나 실제로 마약을 투약하거나 매매하지는 않았다고 했는데, 마약범죄를 저지르지 않았음에도 마치 마약범죄자인 것처럼 거짓 행동했다는 주장이다.

도대체 어떤 동아리길래, 그 분위기가 어땠길래 이런 엽기적인 행각이 이루어질 수 있는가? 이날 파티에서 LSD를 투약하지 않은 것은 H 혼자였다. 나머지 동아리원들은 이날이 첫 LSD 투약이었다고 한다. 단순히 입에 넣고 끝내는 것이 아니라, 환각효과를 배가시키는 동영상을 시청하고, 투약 후에는 그 효과에 대해 말하기도 민망한 여러 행위들이 이어졌다. 만약에 H의 주장대로 가짜마약이었다면, H로서는 투약을 거절할 이유도 없어 보였다. 기껏 입에 넣어봤자 염소처럼 종이를 먹는 정도였을 것이다. 종이를 먹는 식습관을 가진 사람은 없겠지만, 종이를 먹는 것이 범죄는 아니다. 게다가 H의 주장대로 A 등과 친해지기 위해 마약범죄자처럼 거짓 행동할 정도였다면, 기껏 제조한(?) 가짜마약을 적어도 입에 넣는 시늉이라도 함이 마땅하다. 흡연자가 많은 집단에서는 이른바 '담타(담배타임)'에서 배제되지 않기 위해 비흡연자도 간접흡연을 감수하며 흡연장을 찾아가듯 말이다.

헌법 제12조 제2항은 형사상 자기에게 불리한 진술을 강요당하지 않을 권리를 보장한다. 형사사건의 피의자와 피고인은 조사 및 재판 시작 전에 반드시 진술거부권을 고지받는다. 진술거부권을 행사했다는 사실 그 자체로 불이익을 받지는 않지만, 그렇다고 거짓말을 할 권리까지 인정되는 것은 아니다.

반대로, 모든 범죄에서 자백은 유리한 정상 참작 사유로 고려된다. 심지어 살인죄에 관한 양형기준에서도 자백을 전제로 한 진지한 반성을 감경 요소로 삼고 있다. **자백하지 않고는 진정한 반성이 있을 수 없다.** 형벌의 핵심은 책임이며, 책임의 출발점은 자신의 행위를 객관적으로 바라보고 있는 그대로 인정하는 데 있다.

진술거부권 행사와 반성 여부는 별개의 문제다. 피의자나 피고인이 수사와 재판에서 진술거부권을 행사한다면, 반성 여부 등 입장을 드러내지 않아도 불이익을 받지는 않는다. 다만 판결 선고 시까지 모든 진술을 거부하면 진지한 반성과 마찬가지로, 자백을 전제로 하는 감경 요소는 적용될 수 없다는 점은 분명하다.

양형기준(살인범죄)

구분			감경요소	가중요소
특별양형인자	행위	공통	• 범행가담에 특히 참작할 사유가 있는 경우 • 과잉방위 • 미필적 살인의 고의 • 피해자 유발(강함)	• 계획적 살인 범행 • 범형에 취약한 피해자 • 사체손괴 • 잔혹한 범헝수법 • 존속인 피해자 • 비난할 만한 목적에 의한 약취·유인인 경우 (4유형) • 강도강간범인 경우(4유형) • 피지휘자에 대한 교사
		미수	• 경미한 상해(상해 없음 포함)	• 중한 상해
일반양형인자	행위자/기타		• 청각 및 언어 장애인 • 심신미약(본인 책임 없음) • 자수 • 처벌불원 또는 실질적 피해 회복(공탁 포함)	• 반성 없음(범행의 단순 부인은 제외) • 특정강력범죄(누범)
	행위		• 소극 가담 • 피해자 유발(보통)	• 사체유기
	행위자/기타		• 범행 후 구호 후송 • 상당한 피해 회복(공탁 포함) • 심신미약(본인 책임 있음. 4유형의 강간살인/유사 강간살인/강제추행살인, 약취·유인 미성년자 살 해, 인질살해에는 적용하지 아니함) 진지한 반성	• 특정강력범죄(누범)에 해당하지 않는 이종 누범, 누범에 해당하지 않는 동종 및 폭력 실형전과(집 행종료 후 10년 미만) • 합의 시도 중 피해 야기(강요죄 등 다른 범죄가 성 립하는 경우는 제외)

*출처 : 양형위원회 공식 누리집

물론 저지르지도 않은 죄를 애써 인정할 필요는 없고, 그래서도 안된다. 변호인의 유무를 떠나, 99.9%의 수사와 재판에서는 피의자·피고인의 주장을 존중하고 그 진위를 확인하기 위해 각고의 노력을 기울인다. 당연히 나도 마찬가지였는데, H의 주장 진위여부를 확인하면 확인할수록 거짓말임이 명확해졌다. H는 A로부터 LSD 대금 명목으로 계좌이체와 코인전송을 통해 수십만 원을 받았다. 특히 코인전송은 A의 지인을 거쳐 간접적으로 이루어졌다.

물론 단순히 코인전송 내역만으로 해당 코인이 마약 매매대금 명목이라고 판단한 것은 아니고, 마약 관련성을 뒷받침하는 다른 증거가 다수 존재했다. 심지어 A 역시 해당 코인전송 내역은 H에게 지급할 마약 대금이라고 증언했다. 이렇게 객관적인 증거에 정면으로 반하는 거짓말을 하는 것은 '전면적인 진술거부'만 못하다. 법학을 공부하고, 법학전문대학원에 진학했다는 점을 생각해 보면 더욱 그러하다.

적어도 재판 단계에서 진지한 반성을 기대한 나는 너무 순진했던 것일까. 재판이 시작된 후 H는 변호인을 선임했음에도 기존 주장을 되풀이했다. 공소장일본주의위반, 위법수집증거 배제법칙 등 마치 종합 선물 세트와 같은 수사·공소제기 위법성 주장도 함께 말이다. 핵심만 얘기하자면, ①공소제기는 위법하고, ②공소제기가 적법하더라도 피고인은 무죄라는 것이다. 변호인의 조력을 받을 권리는 헌법상 보장되나, 재판이 진행될수록 과연 기존의 부인 주장을 유지하는 것이 H에게 유리한지에 대한 의문을 떨칠 수 없었다.

수사 초기부터 H가 수사에 적극적으로 임해 진지한 반성의 기미를 보였다면 H는 다른 수사 대상자와 마찬가지로 선처를 받을 여지도 배제할 수 없었다. 단순한 인터넷 검색만으로도 단약 교육·치료 등을 조건으로 기소유예의 선처가 가능하다는 것을 쉽게 알 수 있고, 형사절차와 무관하게 한국마약퇴치운동본부 등 공신력 있는 기관을 통한 단약 교육·치료도 받을 수 있다. 실제로 마약범죄에 대한 사법적 접근은 '처벌 일변도'에서 벗어나, 단약 교육·치료를 조건으로 한 기소유예를 통해 마약 극복의 기회를 적극적으로 제공하는 방향으로 변화하고 있다.

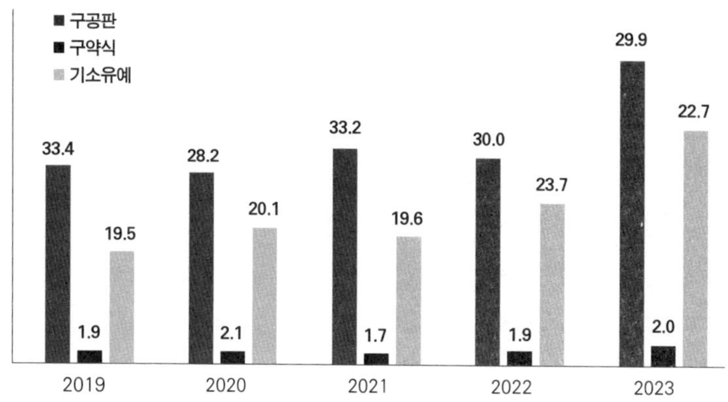

마약범죄의 가장 큰 피해자는 결국 자기 자신이므로, 형사사건의 결과와 관계없이 단약 교육과 치료를 통해 마약을 극복하는 것이 무엇보다 중요하다. H의 변호인이 진정으로 H의 최선의 이익을 위해 노력했다면, 이번 사건 대응과는 별개로 최소한 H에게 마약을 극복할 수 있는 현실적인 방안을 안내했으리라 믿는다. 여러모로 H의 선택은 깊은 아쉬움을 남긴다.

거짓은 또 다른 거짓을 낳는다. 이 사건에는 끝까지 말도 안 되는 변명으로 범행을 부인한 자들이 적지 않다. 문제는 그들과 그들의 부모 사이의 일이었다. '적어도 부모에게는 솔직하게 말하겠지'라는 생각으로 자식을 끝까지 믿은 그들의 부모는, 법정에서 제시되는 생생한 증거를 목도하고 자식에게 깊은 배신감을 느꼈으리라. 참고로 이들의 변호인 선임료는 대부분 부모가 전액 부담했다.

부모와 자식 사이에 불신의 골이 깊어지자, 대부분의 수사 대상자는 뒤늦게 자백하고 선처를 구했다. 그러나 끝까지 '쌩 부인'을 유지한 자의 재판이 길어지자, 어느 날부터는 방청석에 부모를 포함한 그 누구도 보이지 않았다. 심지어 선고기일 당일까지도 부모의 모습은 보이지 않았는데, 포기한 게 아닐까 싶다. 아무리 성인이 되었더라도 부모는 부모이고, 자식은 자식이다. 세상에서 가장 위대한 사랑의 힘이 마약 앞에 무너지는 모습 앞에 마음이 편치 않다.

텔레그램 마약채널
: 흥신소 역할까지?

　　'대한민국은 더 이상 마약 청정국이 아니다.' 이런 상투적인 문구는 이제 지겹다. 대한민국 국민 그 누구도 마약범죄의 심각성을 모르진 않는다. 이 사건 이전에도 이미 '강남 학원가 마약음료수', '마약 투약 경찰관 투신' 등 대대적으로 보도된 마약 사건은 다수 존재했다. 범죄에 무뎌진 나 역시 웬만한 범죄 관련 보도에는 눈길도 가지 않았다. 이 사건 수사 중반까지도 나로서는 큰 감흥(?)은 없었던 것이 사실이다. 주로 명문대생들로 구성된 대학생 연합동아리가 마약 유통경로로 활용된 점은 특이했지만, 결국에는 수많은 마약 사건 중 하나로 남을 테니 말이다.

　　그러나 수사 중반 동아리 회원 E의 범행을 통해 드러난 '텔레그램 마약채널'은 큰 충격으로 다가왔다. 범죄자들이 삼삼오오 범행을 모의하는 메신저 단체 대화방이야 수두룩하지만, E 등 일부 동아리 회원들을 포함해 1만 명 가까운 불특정 다수인이 구독한 텔레그램 채널이 마약 온라인 커뮤니티로 성황리에 운영 중이었다. 그 채널에는 다양한 마약류에 대한 '올바른(?) 투약 방법' 등 상세한 설명부터, 마약 수사와 휴대전화 포렌식에 대비하는 방법, 걸러야 할(?) 법무법인·변호사, 최근 주요 마약 수사 사례, 허위 마약딜러 명단**마약구매 사기를 피하기 위한 것으로 보인다.**, 코인 세탁방법 등 실제로 경험하지 않고서는 알기 어려운 전문적인 내용이 확인되었다. 워낙 정보가 많다 보니 목차와 하이퍼링크 서비스까지 제공되고 있었다.

E는 자신에 대한 수사망이 좁혀오자, 이 채널을 공범들에게 공유하며 휴대전화 포렌식에 대비할 것을 주문했다. 2022년 하순경 개설된 채널의 구독자수가 1만명에 달할 정도로 급속한 성장을 거듭한 이유는 이렇게 마약범죄자들 사이에 입소문을 탄 일종의 '바이럴 마케팅(?)' 덕분으로 보인다. 게다가 '구독' 버튼을 누르지 않는 방문자들까지 포함하면, 채널은 실제로 더 많은 사람들에게 영향을 미친 것으로 보인다.

당연히 '선한 영향력' 따위와는 거리가 먼, 백만 마약범죄자들의 든든한 참고서로 작용하겠다. 특히 '마약 수사와 휴대전화 포렌식에 대비하는 방법' 부분을 보면, 공범들과 말을 맞추고 휴대전화 비밀번호 변경·데이터 삭제 등 만반의 준비를 할 경우 절대로 처벌받지 않을 것만 같다. E도 이를 보고 그런 헛된 믿음에 빠진 것으로 보인다.

그러나 애초에 수사에 완벽히 대비하는 방법 따위는 존재하지 않는다. 미궁에 빠진 완전범죄도 현장에 남겨진 머리카락 한올에서 검출된 DNA로 수십년이 지나 덜미를 잡힌다. 오히려 텔레그램 채널 내용대로 수사에 대비하려는 시도 자체가 증거인멸의 염려 등 구속사유로 작용할 수 있다.T가 바로 그런 경우이다. 애초에 채널을 접하지 않았으면 구속되지 않았을지도 모른다. 괜히 화를 자초한 셈이다. 수사대비 시도가 구속사유로 작용할 수 있는 등의 부작용(?)을 알려주는 내용은 채널에서 확인되지 않았다.

이 텔레그램 채널의 흥미로운 점은, '마약범죄 전문'을 표방하는 변호사·법무법인에 대한 리뷰(?)가 상세히 소개되었다는 것이다. 직접 경험하지 않고서는 알기 어려운 긍정·부정이 모두 담긴 평가가 이루어졌는데, 변호사 시장 서비스 개선을 위한 빅데이터로 삼아도 될 정도로 진솔한 내용도 확인되었다.개중에는 내가 개인적으로 아는 변호사들도 있었는데, 그들에 대한 평가를 알려주고 싶어 입이 근질거렸다.

물론 진위확인이 어려우므로 평가 내용을 그대로 받아들이기 어렵고, 일부 변호사의 경우 개인 휴대전화 번호까지 올라와 있어 긍정적인 평가가 사실은 해당 변호사가 직접 올린 광고가 아닐까 하는 의심마저 들었다. 만약 그 변호사가 이런 불법성이 농후한 텔레그램 채널에 리뷰를 가장한 광고를 했다면 변호사법위반 등이 문제될 수 있고, 나아가 법조시장 전반에 부정적인 영향을 미칠 수 있으니, 사실이 아니길 바랄 뿐이다.

2024년 8월 5일 이루어진 이 사건 관련 1차 보도자료에 텔레그램 채널에 관한 내용을 포함시켰다. 일부 몰지각한 사람들이 오히려 채널의 존재를 알게 되어 '슬기로운 마약생활'을 누릴 부작용도 배제할 수 없었으나 물론 위 채널 내용을 그대로 답습하는 것은 구속행 급행열차에 탑승한 것과 마찬가지이다. 사회 전반의 경각심을 고취한다는 공익을 더 크게 고려했다. 아니나 다를까, 보도자료 배포 직후 채널에는 이 사건을 다룬 메이저 언론의 기사 링크가 공유되었는데, 약 한 시간 후 다시 채널에 접속해보니 링크가 사라져있었다. 채널 주인 역시 자신의 채널이 검찰 보도자료에 언급된 것에 부담을 느낀 모양이다.

사실 나는 채널 주인이 해당 채널을 폐쇄하는 효과를 기대했다. 수사보안 문제로 상세히 밝힐 수는 없지만, 대검찰청은 IT 전문가를 다수 포함한 부서에서 텔레그램 등에서 이루어지는 비대면 온라인 마약범죄를 추적하고 있다. 텔레그램 채널도 추적대상 중 하나인데, 아쉽게도 채널 주인은 이런 추적 수사에 겁을 먹기는커녕, 현재까지도 계속해서 채널을 운영하고 있다. 안타깝게도 구독자 수가 날을 갈수록 늘어만 간다.

최근에는 '텔레그램 흥신소 사람을 찾아드립니다'라며 엉뚱하게 탐정 놀이를 하고 있다. 대금 지급 방식도 비트코인과 모네로 코인만 가능하다며 수상한 냄새를 물씬 풍긴다. 참고로 모네로는 'N번방 사태'의 결제수단으로 이용된 코인인데, 추적이 사실상 불가능한 이른바 '다크코인' 삼총사 중 하나이다. 우리나라 거래소에서는 진작에 퇴출되었는데, 범죄자에게 흥신소 업무를 의뢰할 경우 결과를 장담할 수 없는 것은 물론이고, 개인정보 유출 등 범죄에 노출될 가능성을 배제할 수 없다. 물론 이런 '어둠의 세계'에 사람 찾는 일을 의뢰할 정도면 의뢰인 역시 떳떳하다고 보긴 어렵다. 텔레그램과 가상화폐 모두 눈부신 기술의 집약체이지만, 그 눈부심의 이면에서 어두움을 먹고 사는 세력들이 있다.

수사노트

　당연한 이야기겠지만, 텔레그램 등 인터넷 세상 속 잘못된 정보를 믿었다는 이유가 곧 죄를 없애거나 처벌을 경감시켜주는 요인이 되지 않는다. 형법 제16조는 '자기의 행위가 법령에 의해 죄가 되지 아니하는 것으로 오인한 행위는 그 오인에 정당한 이유가 있는 때에 한해서 벌하지 아니한다'라고 규정하는데, 인터넷, 심지어 생성형 AI가 주는 정보를 믿는 것은 '정당한 이유'에 해당하지 않는다.

　텔레그램 마약채널은, 어두운 마약 세계에서 정말이지 '백과사전'과 같은 알찬(?) 구성으로 수사 대상자들을 현혹했다. 특히 '수사대비법' 챕터의 경우, 정말 이대로만 따라하면 마약을 하고도 요리조리 잘만 빠져나갈 것 같은 느낌을 주는데, 수사를 조금이라도 아는 사람이라면 정말 실소를 금할 수 없는, 잘못된 내용 투성이다. 그중에는 '다크코인'을 지급하는 방식의 '유료 콘텐츠'도 있었다. 정말이지 '범죄자가 범죄자를 등쳐먹는' 세상이다.

유튜브와 스티브 잡스

　　이제 지상파 방송사들도 TV나 케이블보다는 유튜브에 역량을 집중하는 것으로 보인다. 주민등록번호 뒷자리가 3이나 4로 시작하는 친구들은 포털사이트가 아닌, 유튜브나 생성형 AI를 검색도구로 활용한다. 활자에서 이미시, 이미지에서 영상으로의 변천은 거스르기 어려운 큰 흐름이기에, 대학생이나 사회초년생들에게 있어 특히 유튜브 영상은 큰 영향력을 갖는다. 그러나 제대로 검증되지 않은 정보들이 여과 없이 유튜브와 같은 메가플랫폼을 통해 영상 형태로 광범위하게 공유될 경우의 폐혜는 매우 심각하다. 바쁜 현대사회에 유튜브 영상의 진위여부를 시간을 들여 검증하는 경우는 쉽게 찾아보기 어렵다. 나도 마찬가지이다.

　　이 사건에서 A 등 동아리 회원들이 시청한 '마약 영상'은 단순히 마약의 위험성을 알리거나 상식을 전달하는 데 그치지 않았다. 특히 LSD 등 향정신성의약품의 환각 효과를 극대화하기 위한 프랙탈

Fractal. 전체와 부분이 똑같은 형태가 무한히 반복되는 기하학적 형태 영상은 제목이나 설명란에 LSD, Psilocybin, MDMA, Magic Mushroom, DMT 등 마약류 명칭을 그대로 포함한 채 수백만 조회수를 기록하고 있다. '환각제 LSD 간접체험', '마약 상태 체험하기' 등 한국어 영상도 다수 확인된다. 도대체 사람들이 마약을 체험하고 싶어 하는 이유는 무엇일까? 물론 이런 영상 대부분에는 '실제 마약 복용은 범죄다'와 같은 일종의 면피용 문구디스클레이머가 포함되어 있지만, 나와 같은 문제의식을 가진 이용자들이 있어서인지 댓글창을 닫아놓은 경우도 적지 않다.

A는 이 사건 동아리원들과 함께 마약을 투약하면서 위 영상을 시청하거나, 마약을 매도한 상대방에게 위 영상 링크를 보내 투약효과를 배가시키려 했던 것으로 보인다.마약을 팔기만 했으면 그만인데, 상대방의 투약효과까지 신경써준다니 서비스정신이 투철하기 그지없다. 같은 돈을 내고 같은 양을 투약하면서도 특정 영상을 시청한다는 이유로 효과가 커진다니, 그 얼마나 효율적인가. 그런데 A의 진짜 무서움은 단순히 투약효과 관련 영상을 함께 시청하거나 공유하는 데 그치는 것이 아니라, 마약 입문을 고민하는 동아리원에게 마치 마약을 옹호하는 듯한 취지의 내용이 담긴 교육용(?) 영상을 공유했다는 것에 있다.

이 사건 재판에서 '스티브 잡스' 운운하며 LSD 투약을 변명하는 듯한 태도와 같은 맥락으로 보인다. 아니나 다를까, 최근 3년간 주요 마약류 압수 현황을 보면 LSD의 압수량은 폭증했다. 코카인, 메트암페타민 등 전통적인 마약류 압수량이 정체되거나 오히려 감소한 것과 대비된다.

최근 3년간 주요 마약류 압수 현황

구분	품명	단위	2021	2022	2023
대마	대마	주	3,429(주)	1,078(주)	11,957(주)
	대마초	g	91,240	79,300	114,154
	대마종자	g	922	1,556	620
	대마수지(해시시)	g	145	1,412	3,183
	기타1	g	36,945	103,501	40,541
마약	양귀비	주	114,667(주)	118,420(주)	163.999(주)
	생아편	g	8.25	-	-
	해로인	g	1,213	35	1,362
	코카인	g	435,741	261	1111.671671
	기타2	g	2,267	2,267	3,119
향정	메트암페타민	g	569,866	175.351	405,001
	MDMA	g	11,894	42.179	42,179
	LSD	g	52	47	2,333
	YABA	g	50,137	167,602	210,811
	JWH-018 및 그 유사체	g	18,747	55,693	40,987
	케타민	g	13,306	30,794	42,579
	기타3	g	63,069	144,513	79,469

*출처 : 대검찰청 발간 〈2023년 마약류 범죄백서〉

대부분의 영상은 특정 마약류LSD, 환각버섯 등가 우울증 치료 등 긍정적인 목적으로 사용될 가능성을 언급하는 것에 그쳤다. 적지 않은 마약류가 의사 등 마약류취급자의 안전한 지도 아래 치료, 마취 등 의료 목적으로 사용되는 것은 부정할 수 없는 현실이다. 단순히 상식을 쌓는 목적이라면 위와 같은 영상들을 접해도 마약에 대한 학문적 호기심 이상의 생각은 없을 것이다. 그러나 이미 마약을 수회 투약해온 지인으로부터 계속적으로 마약 투약을 권유받은 상태였다면 이야기가 다르다. 일부를 제외하면 유튜브 등 매체에서 제공되는 마약 관련 영상에 별다른 제재가 필요하다고 생각하지는 않지만, 마약 권유에 악용될 여지는 여전히 배제하기 어렵다. 영상 내용이 사실을 왜곡

하는 경우는 더욱 그러한데, LSD의 본고장 격인 미국에서도 LSD와 환각버섯의 원료인 사일로시빈Psilocybin은 의료용 목적의 사용조차도 전면 금지된 '스케줄 1' 마약류이다. 식칼은 요리에 없어서는 안 될 도구지만, 동시에 적지 않은 살인사건에서 흉기로 이용되는 것과 같은 맥락이다.

이런 영상에 대한 비판은 A가 여러 차례 언급한 LSD 투약 동기인 '스티브 잡스' 사례에도 동일하게 적용된다. 스티브 잡스가 자서전이나 인터뷰에서 LSD 투약 경험을 수차례 언급한 것은 사실이며, 지금도 유튜브에는 스티브 잡스의 LSD에 관한 긍정적인 발언이 담긴 영상이 활발히 공유되고 있다. 전 세계 시가총액 1, 2위를 다투는 기업인 애플의 공동창업자 같은 영향력 있는 인물이 마약을 긍정적으로 표현한 영상이 버젓이 퍼지고 있다는 현실은 매우 개탄스럽다.

미국 역시 LSD를 불법 마약류로 규정하며, 미국 통제물질법 Controlled Substances Act은 LSD를 의료 목적 사용도 불가능한 가장 강력히 처벌하는 '스케줄 1' 마약류로 분류한다. 코카인, 메스암페타민, 펜타닐 등 잘 알려진 무시무시한 마약류는 의료 목적 사용이 가능한 '스케줄 2'로 분류되는 점을 보면, 스티브 잡스의 고향인 미국에서도 LSD의 위험성을 심각하게 인지하고 있음을 알 수 있다. 표현의 자유가 존중되더라도, 강력히 규제되는 마약류를 예찬하는 미디어에 대해서는 마찬가지로 엄격한 제재가 필요하다.

과연 스티브 잡스의 사업적 성공은 LSD에 기인한 것일까? 스티브 잡스가 한 시대의 '구루'인 것은 부인할 수 없다. 오늘날의 애플은 스티브 잡스가 없었으면 탄생할 수 없었을 것이다. 평범한 사람은 다다를 수 없는 경지인 것은 분명하다. 그러나 LSD 투약으로 인한 환각 효과와 눈부신 사업적 성공의 경지 사이에 합리적인 인과관계가 있을까?

스티브 잡스는 실리콘 밸리에서 태어나 어릴 때부터 전기통신 분야에 관심을 보였다고 한다. 그러나 잘 알려져 있지 않지만, 그는 대학 중퇴 후 캘리그래피 수업을 청강했다. 그는 원래 기술과 디자인 양 측면 모두에서 균형이 있던 사람이었다. 스티브 잡스가 아무리 LSD 투약 경험을 예찬했더라도 그는 이미 LSD와 무관하게 사업적 성공에 가까이 가 있던 사람이었다. 게다가 '미국인'이고 워렌 버핏은 자신의 사업적 성공에 있어 가장 큰 요소로 미국에서 태어난 것을 꼽았다. 그것도 가장 축복받은 세대인 베이비 부머 1955년생이다.

유감스럽게도 A는 스티브 잡스의 뒤를 따르지 못했다. A와 스티브 잡스의 공통점은 LSD 하나뿐인데, A의 휴대전화와 노트북조차 애플 제품이 아니었다. A는 30대 초반까지 학부 졸업과 대학원 입학 외에는 별다른 소득 활동을 하지 않았던 것으로 보인다. 백번 양보해 A가 LSD 투약으로 스티브 잡스급의 '영감'을 얻었더라도, 취업이나 창업 등 이를 현실화할 사회 활동에 나서지 않는 한 그저 망상에 불과하다. 오히려 A는 LSD 투약을 정당화하기 위해 스티브 잡스를 이용한 것일 가능성이 크다. 저세상에 있을 스티브 잡스가 아시아의 어느 나라에서 벌어진 마약 재판에 자신의 이름이 여러 차례 오르내리는 것을 알게 된다면 혀를 차고 개탄할 것이다.

A가 LSD 외에 다른 마약류에도 손을 댄 이유는 무엇일까? A는 법정에서 MDMA, 액상 대마, 케타민을 투약한 이유를 묻는 검사의 질문에 명확한 답변을 하지 못했다. MDMA는 '엑스터시'라는 이름으로 더 잘 알려져 있는데, 해외에서는 시끄러운 음악이 나오는 클럽 등에서 흥분을 높이기 위한 '파티 드러그party drug'로 통한다. 최근에는 가루 형태로 된 것은 '몰리', 고체 알약 형태로 된 것은 '캔디'라는 은어로 유통되는데, A는 주로 클럽이나 뮤직 페스티벌 등 파티 드러그가 이름값을 할 수 있는 자리에서 MDMA를 투약하고 거래했다. 클럽과 뮤직 페스티벌처럼 시끄럽게 웃고 떠드는 환경에서 인생에 도움이 되는 영감이 떠오를 가능성은 거의 없어 보인다.

수사노트

마약을 홍보하거나 권하는 취지의 영상을 다른 사람에게 공유하고, 이를 공유받은 상대방이 실제로 마약범죄를 저지를 경우, 마약범죄의 교사범이나 방조범으로 처벌받을 수 있다. MZ세대에는 백 번 말보다 하나의 영상이 효과적일 텐데, 마약을 홍보하거나 권하는 취지의 '쇼츠' 영상을 타인에게 공유하면, 그 공유 상대방에게는 '돌아올 수 없는 강'을 건너게 하는 다리 역할을 할 수 있다. 단순한 '공유' 버튼 하나로 '전과자'가 될 수 있다는 이야기다. 한 순간의 선택으로 '나락'에 갈 수 있는 것이 바로 마약이다.

K-브레이킹 배드

A는 그 좋은 머리로 LSD를 깊게 연구했던 것으로 보인다. LSD도 성분 함량이 다르고 '브랜드별'로 차이도 있는데, A는 가장 효율적인 투약을 위해 공동투약자들에게 적정 투약량과 투약 방법을 알려주기도 했다. 심지어 A는 LSD 투약을 계획한 날에는 이들로 하여금 술을 마시지 못하게 하고, 밥도 조금만 먹게 했다. 투약 초기에는 안전(?)을 위해 투약하지 않을 사람을 지정해 만일에 대비하게 했다. 이 정도의 노력과 근성이면 A는 스티브 잡스만큼은 아니더라도 어떤 분야에서든 일정 수준 이상의 성과를 얻었을 것 같다.

목욕재개에 버금가는 '최상의 투약환경 조성'으로 인해 A 등 투약자들은 강력한 환각효과를 느꼈을 것이다. 그러나 이들이 진술한 LSD 투약효과는 실로 기괴했다. '새로운 영감'이나 고통 완화, 행복감 증대 등 긍정적인 효과가 있다면 가슴으로는 투약을 이해할 수 있겠지만, 이들이 느낀 대부분의 투약 효과는 공포, 불안, 고립 등 부정적인 감정으로 가득한 '배드트립'이었다. 감수성 예민한 젊은이들이어서인지 이 사건 동아리원들은 여러 차례 배드트립을 경험한 것으로 보인다. 배드트립을 뜻하는 '배추'라는 은어도 자주 사용되었으며, 마약과 무관한 부정적인 일이 있을 때도 '배추'를 언급하는 등 LSD 관련 은어가 일종의 밈meme으로 자리 잡았다. A와 함께 호텔에서 LSD를 투약하다 난동을 부려 체포된 동아리원 역시 심한 배드트립을 겪었고, 이날은 그 정도가 심해 A조차 통제 불능 상태에 빠졌다.

　이들이 자주 배드트립을 겪으면서 오히려 LSD를 투약하지 않는 것보다 못한 상황에 빠진 것은 결국 이들이 투약한 LSD의 '품질' 문제로 보인다. 일반 음식점에서도 원산지를 속이거나 상한 재료가 식탁에 올라가는 일이 허다하다. 하물며 음지에서만 거래되는 마약의 품질을 검증하기란 현실적으로 불가능하다. 비대면 거래에서는 애초에 품질을 논하기 전에 사기를 당하지 않으면 다행이다.

　특히 LSD의 경우 다른 마약류 대비 그 제조 화학식이 더욱 복잡하다. 겉으로는 정사각형 모양의 종이에 불과하므로 품질을 알 수 없는데, LSD 생산자들이 공급단가를 낮추기 위해 정품(?)의 화학식을 따르지 않는 불량품을 만들어내는 것이다. 겉은 번지르르한 '가짜 술'을 마실 경우 진짜 술과 비슷한 취기가 올라오는 듯하나 이내 심한 두통 등 부작용이 나타나는 것과 같은 맥락이다. 술은 라벨의 RFID 등을 통해 진위 여부를 확인할 수 있지만, LSD는 직접 투약하지 않는 한 진위여부를 확인할 방법은 사실상 없다.

　인기 미국 드라마 〈브레이킹 배드〉는 암에 걸린 고교 화학 교사와 그 제자 출신인 마약상이 합심해 최상급 품질의 메트암페타민이하 '필로 폰'을 제조·판매하는 기구한 운명의 이야기이다. 순도가 낮은 품질의 필로폰을 투약하면 배드트립에 준하는 고통을 경험한다. 물론 좋은 품질의 필로폰을 투약하더라도 부작용은 동일하다. 다만 순간적인 환각 효과가 더 강할 뿐이고, 그 결말이 파국인 것은 동일하다. 억만금을 벌어들이던 주인공화학 교사은 결국 미국 마 약단속국DEA 직원인 처남에게 덜미를 잡히고, 대치 끝에 처남이 사망 하면서 가족과의 연도 사실상 끊기게 된다.

A를 포함한 동아리원들은 드라마 〈브레이킹 배드〉에서처럼 LSD 를 직접 제조하지는 않았으나복잡한 화학식을 활용해 제조할 인재도 없어 보였다. 이 들 중 일부는 고품질의 LSD를 손에 넣기 위해 공동구매에 나섰다. 공 동구매 단가가 소매 단가에 비해 저렴한 이유도 있었겠지만, 공동구 매를 통해 거래상대방공급자과 신뢰를 쌓고 마약을 계속적으로 공급받 을 수 있기 때문이다.

공동구매자 중 일부는 다시 자신이 공동구매한 마약을 다른 동아 리원 등 제3자에게 판매하거나 공동구매 참여를 제안했는데, 공급자 입장에서는 기존 거래를 통해 신뢰가 쌓인 수요가 점점 늘어나니, 안 심하고 업무(?)에 매진할 수 있었겠다. 만약 A가 수사기관에 덜미를 잡히지 않았다면A가 체포된 것도 엄밀히 말하면 A가 아닌, A와 함께 호텔에서 마약을 투약 한 동아리원이 강한 배드트립을 겪고 난동을 부렸기 때문이다. 이 악순환은 지금도 대학 가를 중심으로 세력을 늘리고 있었을 것이다.

결국 그 악순환의 고리에서 이득을 보는 것은 전문적인 마약 공급 책들인데, 〈브레이킹 배드〉에서와 마찬가지로 공급책 또한 비참한 최후를 맞이한다. 자랑스러운 'K-컬처'에 〈브레이킹 배드〉와 같은 마약이 끼어들 자리가 있어서는 안된다.

〈브레이킹 배드〉2008년부터 2013년까지 총 5개의 시즌으로 나뉘어 방영되었다.에서는 세차장, 치킨 패스트푸드점 등을 통해 마약 거래대금 세탁이 이루어졌다. 만약 드라마가 조금 더 늦게 제작되었다면 마약 거래대금과 관련해 가상화폐가 등장했을 것이다. 추적이 불가능한 코인 '믹서', 일회용 전자지갑 등을 이용하면 〈브레이킹 배드〉에서처럼 중무장한 카르텔 세력들이 득실거리는 거래장소에 갈 필요조차 없다. 드라마에서는 평균적으로 매 마약거래마다 0.3명이 사망했다는 분석도 있는데, 비대면으로 거래가 이루어진다면 적어도 목숨을 잃을 염려는 없다.

A가 마약 거래대금으로 활용한 것으로 보이는 가상화폐 구매대금은 한 해에 천만 원 단위였다. A가 직접 가상화폐를 구매해 전송하기 전에는 K와 H 등을 통해 마약을 구했는데, 이때에도 가상화폐를 이용했다. 명문대생인 K의 첫 번째 마약범죄에서도 가상화폐가 거래대금으로 이용되었다. 미국 달러화 가치와 1:1로 페깅연동되는 가상화폐 테더USDT의 등장으로 가상화폐가 거래대금으로 이용되는 비중은 훨씬 늘었다. 변동성이 높고 상장폐지 위험에 노출된 다른 가상화폐와 달리 테더는 비교적 안전하기 때문이다. 처벌의 위험을 감수하고 기껏 마약을 공급했는데, 갑자기 수익금의 가치가 하락하거나 실질적인 교환가치가 없어지다시피 한다면 정말 황당할 것이다.

국내 가상화폐 거래소는 고객확인절차KYC, 트래블룰 등 자금세탁을 방지하기 위한 장치를 충실히 구비하고 있다. 수사기관의 수사 협조 요구에 적극적이고 성실하게 응하는 것은 물론, 검찰의 경우 특정 전자지갑 주소가 어떤 거래소의 주소인지 실시간으로 확인하는 시스템도 구축하고 있다. 그러다 보니 범죄자들은 상대적으로 높은 수수료를 부담하더라도 해외 가상화폐 거래소나 일회용 전자지갑을 함께 사용하는 것이 일반적이다. 혹은 가상화폐 거래 내역 추적을 불가능하게 하는 믹싱 서비스속칭 '믹서, 텀블러' 등를 사용하기도 한다.

특히 믹싱 서비스는 아무런 연관성을 찾기 어려운 수개의 가상화폐 거래를 말 그대로 섞어서 깔끔하게 세탁하는데, 애석하게도 현재까지의 기술로는 믹싱 서비스를 뚫고 추적을 이어나가는 것은 현실적으로 불가능하다고 한다. 최초의 믹싱 서비스는 매우 높은 수수료를 수취했으나, 이제는 경쟁업체(?)들이 생겨 비용이 많이 낮아졌다. 불법적인 가상화폐 거래에 기생하는 신종 서비스도 나름의 부가가치

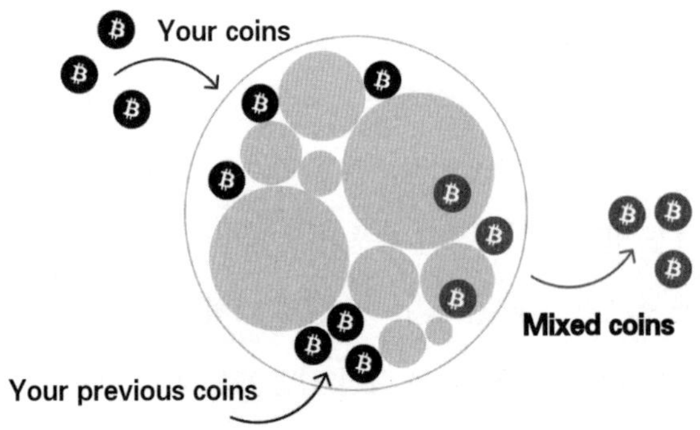

*https://AcAdemy.morAlis.io/blog/whAt-Are-bitcoin-mixers-And-how-do-they-work)

를 창출하는 셈이다.

　2024년 7월, 나는 유엔 마약범죄사무국UNODC 회의에 참석해 각국의 자금세탁 담당 전문가수사기관, 금융당국 등와 자금세탁에 대한 각국의 수사 및 조치 내용을 교류했다. 가장 많이 거론된 범죄는 마약범죄였으며, 그 자금세탁 수단으로 빠짐없이 등장한 것은 가상화폐였다. A 등이 이용한 '던지기' 방식은 텔레그램과 마찬가지로 전 세계적으로 공통된 비대면 마약 거래 수법이 되었고, 일회용 전자지갑, 믹싱 서비스 등은 범죄계의 '글로벌 스탠더드'로 자리 잡았다. 각국의 법제도는 다르지만, 가상화폐가 텔레그램만큼이나 각국 수사기관에 골머리를 앓게 하는 문제라는 점은 동일했다. '세계화' 현상을 다른 곳에서 찾을 필요가 없었다. 딱딱한 회의의 아이스브레이킹 차원에서 나온 말이지만, "범죄자들이 가상화폐와 텔레그램을 발견한 것은 인류가 불을 발견한 것과 같다"는 말은 지금도 기억이 선명하다.

　마늘밭에서 발견된 거대한 현금 다발이 악질 인신매매단의 범죄 수익으로 밝혀졌다는 뉴스가 그리 오래 전 일이 아닌데, 불과 20년도 지나지 않은 미래에 마약 거래와 범죄 수익 세탁 방법이 이토록 고도화되고 세계화될 줄 누가 알았겠는가. 요즘 각광받는 AI나 양자컴퓨팅 기술도 근미래에 마약범죄에 악용될 가능성을 배제할 수 없다. 이미 AI 기술은 이른바 '딥페이크' 성범죄와 각종 피싱 범죄 등에 악용되고 있다. 기술 발전이 분명 인류의 축복인 것은 맞지만, 이를 악용하는 신종 범죄에 대해서는 전국가적 역량을 동원해 철저히 대응해야 할 것이다. '마약 청정국'의 지위를 조금이라도 되찾고 싶다면 말이다.

　가상화폐는 분명 눈부신 진보의 결과물이다. 이제는 엄연히 제도권 자산시장에 편입되었으므로, 가상화폐 거래 자체를 색안경을 끼고 보긴 어렵다. 그러나 '수사의 세계'에서는, 일단 돈 대신 가상화폐를 주고받았다면 범죄연루의 의심을 받을 우려가 높다. 제아무리 거래에 사용한 가상화폐가 비트코인, 리플, 테더와 같은 시가총액이 높다고 하더라도 마찬가지이다.

　사정이 이렇다 보니, 추적이 어렵다는 장점을 취하기 위해 가상화폐로 마약을 거래할 경우, 오히려 가상화폐 거래 일시에 착안해 마약범죄가 일어난 시점을 확인하는 '역추적' 수사기법도 발전하고 있다. 수많은 계좌거래 속에 '숨어있는' 마약 대금 계좌이체나 무통장 송금을 발견하기란 마치 '모래사장에서 바늘찾기'와 같다. 별다른 인적 관계가 없는 제3자에게 12만 원을 송금한 것이, 마약 대금인지 아니면 중고거래 대금인지 도대체 어떻게 확인할 것인가?

　반면 차익실현을 위해 가상화폐 거래소에서 가상화폐를 사고 파는 것이 아닌, 제3자와 사이에 가상화폐를 주고받는 입출고 거래는 그 횟수가 제한적이기 마련이다. 가상화폐 입출고가 이루어졌다는 사실만으로 그와 근접한 시점에 마약을 매매하거나 투약했다고 추론할 수 있는 것이다.

　모발에서 특정 마약류 성분이 검출되었더라도, 정확히 언제 마약을 투약했는지 여부는 쉽게 알기 어렵다. 모발로부터의 검출기간은 통상 6개월로 알려져 있는데, 그 6개월간의 금전거래 내역을 모두 확인하는 것은 적지 않은 시간과 노력이 소요된다. 이러한 경우 가상화폐 입출고 사실이 확인된다면, 그 입출고 일자를 기준으로 일정한 범위를 설정해 '선택과 집중'을 할 수 있는 것이다. 기술의 발전을 이용하려는 범죄자로서는, '제 꾀에 자기가 빠지게 되는 꼴'이다.

마약 좀비를 보고도
또 마약을?

동아리 회원은 아니었지만, 고급호텔에서 열린 동아리 회원의 생일파티에 초대된 여성은 명문대학에 재학 중이었다. 지방에서 올라와 학교 근처에서 자취하며 아르바이트로 생계를 유지하고 있었다. 그러나 이미 수년 전 마약 투약으로 교육조건부 기소유예의 선처를 받았는데, 단약 교육을 수강했지만 그로부터 오랜 시간이 지나지 않아 앞선 파티에서 A로부터 LSD를 매수해 투약한 것이다.

대부분의 수사 대상자와 달리 이미 마약범죄를 저질렀음에도 다시 마약에 손을 댄 이유는 무엇일까? 그녀의 범행에 대한 결정적인 증거를 확보한 날, 이전 마약 사건에서 교육조건부 기소유예의 선처를 받으면서 다시는 마약에 손을 대지 않겠다는 취지로 자필 작성한 '서약서'가 눈에 밟혔다. 형사처벌의 문턱에서 한 서약은 한낱 휴지조각에 불과했다. 그녀는 조사 당시 이전 사건에서 받은 단약 교육의 내용도 생생하게 기억하고 있었는데, 그러면서도 유독 혐의는 전면 부인했다. 이른바 '마약 좀비'라고도 불리는 펜타닐 중독자들이 대낮에 길거리에서 근육강직의 부작용으로 마치 좀비와 같은 모습을 하는 영상을 시청했다는 것이다. 실제 사례를 각색 없이 보여주는 영상만큼 좋은 교육자료는 없을 텐데, 안타깝게도 그녀에게는 별 효용이 없었던 모양이다.

그녀는 자신의 마약범죄 전력을 계속 의식하고 있었던 것으로 보인다. 이 사건 파티 당시 다른 참가자들에게 자신에게 마약범죄 전력이 있음을 알리기도 했는데, 이런 불필요한(?) 발언이 수사 과정에서 불리하게 작용했음은 물론이다. 정상적인 사고방식을 갖고 있다면 다시는 마약 근처에도 가지 않아야 한다. 다시 마약에 손을 대고, 게다가 수상한 파티의 참석자들에게 자신의 마약 전과를 알리는 비정상적인 사고는 무엇 때문일까. '마약은 정신을 좀먹는다'는 상투적인 문구가 새삼 매섭게 느껴지는 부분이다.

잘못된 선택은 수사 단계에서도 이어졌다. 그녀는 거듭된 출석요

펜타닐 중독자의 모습(마약 좀비)

*출처 : 유튜브 채널 비디오머그

구 이후에야 변호사를 대동하고 출석했는데, 혐의를 전면 부인하는 것은 물론, 범죄와 무관한 기초적인 사실관계까지 부인하거나 모르쇠로 일관했다. 누누이 강조하지만, 수사기관의 출석요구는 대부분 혐의를 뒷받침할 증거를 충분히 확보한 상태에서 당사자 피의자의 입장변소을 확인하기 위한 목적으로 이루어진다. 피의자 주장의 진위여부를 확인할 최소한의 증거도 확보되지 않은 상태에서 막연히 자백할 것으로 기대하는 '나이브'한 출석요구는 찾기 어렵다.

그러다 보니 출석요구 전 증거수집 과정에서 저절로 혐의없음으로 결론이 나는 경우도 다반사다. 이 경우 굳이 출석을 요구할 필요도 없다. 이 사건에서 머리가 빨리 돌아가는 수사 대상자는 출석요구를 받게 되면 부인해 봐야 별 소용 없다는 것을 직감하고 벌써 반성문과 탄원서를 철저히 준비해 출석했다. 마약과 무관한 '정상인'임을 강조하기 위해 인터넷 어학강의 수강증을 내는 경우도 있다. 수사기관으로서는 그런 '전략'을 모를 리 없지만, 아무리 색안경을 끼고 보더라도 그런 자료를 제출하지 않는 것보다는 긍정적으로 평가할 수밖에 없다.

하지만 이 여성은 변호인을 선임했음에도 불구하고, 수사기관이 확보한 증거나 출석요구 이유조차 제대로 파악하지 못한 채 아무런 반성의 기미 없이 기초 사실관계까지 전면 부인했다. 이 바닥 전문 용어로 '쌩 부인'이라 부른다.

애석하게도 이미 그녀의 혐의 소명은 출석요구 전 상당부분 이루어져 휴대전화 압수영장까지 발부된 상태였다. 조사 당일 휴대전화를 압수했는데, A 등 대부분의 수사 대상자와 마찬가지로 이미 휴대전화 압수 및 포렌식 대비를 해놓은 상태였다. 첫 소환요구를 받은 직후 최신형 휴대전화로 교체했는데, 데이터 백업 기능을 이용해 이전 기기 데이터를 새 휴대전화로 이전했음에도, 새 휴대전화에는 메시지 등 대부분 데이터가 선별적·영구적으로 삭제되어 있었다. 압수수색에 미리 대비한 것은 좋은(?) 시도였지만, 그 방법이 너무 엉성했다.

그녀의 휴대전화에서는 마약과 직접적으로 관련된 내용은 이미 삭제되었지만, 조사 과정에서의 진술과 정면으로 모순되는 내용이 다수 확인되었다. 정말 완벽히 휴대전화 포렌식을 대비하려 했다면 조사 당시의 진술과 휴대폰에 남아있는 데이터 내용이 모순되지 않도록 해야 했지만, 수사기관이 무엇을 물어볼지 모르는 상황에서 이를 확실하게 대비하지 못한 것이다. 결국 가장 상책은 오로지 진실만을 얘기하는 것이다.

이런 전략은 '가장 하책'이다. 차라리 아무런 전략 없이 일체의 진술거부만도 못하다. 물론 애초에 유의미한 전략을 짤 정도의 이성이 남아 있었다면 이미 마약범죄 전력이 있음에도 다시 마약에 손을 대지 않았을 것이다. 조사 당시의 진술은 명백한 거짓으로 드러났고, 해당 여성은 휴대전화 데이터와 달리 마음대로 삭제할 수 없는 객관적인 물증거래 내역 등이 무엇인지도 모른 채 심연으로 가라앉고 있었다.

이런 전략적 실패가 거듭되어 기소되자, 수사 단계에서의 변호인은 사임하고 새로운 변호인이 선임되었다. 생각해 보면 수사 단계에서의 변호인도 이런 사실을 모르지 않았을 것이다. 그녀가 조금이라도 변호인의 조언에 귀를 기울였다면 최악의 결과는 면했겠으나, 수사 단계에서 보여준 모습은 '마이동풍' 그 이상도 이하도 아니었다.**이럴 거면 변호사는 왜 선임했을까?** 다행히 기소 통지를 받자 늦게나마 전략적 실패를 파악했는지, 공판 단계에서는 '전면 자백'으로 태세를 전환했다. 한편으로는 다행이고 한편으로는 씁쓸한 생각이 들었다. 이미 단약 교육을 받았음에도 다시 마약에 손을 댄 것은 물론이거니와, 명문대생이라는 이들이 무슨 부패 정치인 마냥 시쳇말로 '간을 보면서' 유불리에 따라 태세를 전환하다니. 그다지 놀랄 일도 아니다. '선배 피의자'인 기성세대의 부끄러운 면모를 그대로 답습한 결과 아니겠는가.

그런데 이러한 태세 전환 전략은 안타깝게도 적중했다. 이미 마약 범죄로 기소유예 전력이 있음에도, 1심에서 징역형의 집행유예를 선고받은 것이다. 마약범죄 전력이 전혀 없는 초범인 다른 회원들과 별다른 차이를 찾아볼 수 없었다. 검사실에서는 포커페이스로 거짓 진술을 일관하던 그녀가 법정에서는 단정한 옷차림과 침통한 표정을 지으며 연신 "죄송합니다"를 되뇌었는데, 과연 진정으로 범죄를 반성하는지에 대해서는 강한 의심이 들었다. 마약 좀비, 혹은 그보다 더한 끔찍한 것을 아무리 보여주더라도 다시 마약에 손을 댈 것만 같은 느낌적인 느낌, 부디 현실화되지 않기를 바랄 뿐이다.

　일부 피의자의 경우, 조사를 받기 전 '예행연습'을 한다고 한다. 마치 취업면접을 앞두고 스터디 그룹에서 역할을 나누어 모의 면접을 진행하는 것과 같다. 과연 이러한 예행연습, 효과가 있을까?

　결론부터 말하자면, 예행연습을 할 시간에 잠이나 자는 것이 낫다. 취업면접의 경우, 지원자는 오랜 기간 회사에 대해 공부해 만반의 준비를 마친 상태이다. 면접관에게 지원자는 일명 '원 오브 뎀one of them'에 불과할 뿐이다. 상대적으로 개개 지원자에 대한 파악에 부족함이 있을 수밖에 없다. 피의자 조사는 정확히 그 반대의 경우이다. 피의자는 수사관이 어떠한 범위의 증거를 확보했는지, 심증은 어느 정도로 형성되었는지 등을 전혀 알 수 없다. 반면 수사관은 이미 피의자에 대한 만반의 증거를 확보하고 있다. '정보의 비대칭성'이 발생하는 것이다.

　무엇보다, 면접에서는 다소의 과장을 제외하고는 거짓말을 할 이유가 없다. 취업하게 되면 어차피 나중에 다 드러나기 때문이다. 반면 피의자 조사에서는, '이번만 잘 넘기자'라는 생각에 거짓말을 할 유인이 높다. 거짓말이 이어질수록, 진술은 모순을 드러내게 된다. 꼬리가 길면 잡힌다.

'강남의 왕'과 클럽
그리고 유흥업소

일반인들의 시각에서 가장 마약에 노출된 장소를 꼽으라면 '클럽'이 가장 많은 답을 차지할 것이다. 어두운 조명, 시끄러운 음악, 술에 취한 젊은이들이 북적거리는 공간은 그 특성상 '마약친화적'일 우려가 높다. 물론 클럽 내 개인의 마약 매매나 투약이 문제의 시작이며, 장소 탓을 할 수는 없지만, 다른 한편으로는 클럽 운영자들이 조금만 더 주의를 기울인다면 마약범죄를 줄일 여지도 있어 보인다.

이 사건에서도 특정 클럽에서만 수회에 걸쳐 마약매매·투약이 이루어졌다. 모든 클럽을 일반화해서 비판하기는 어렵지만, 다른 클럽에 비해 마약범죄 발생률이 압도적으로 높은 '특정 클럽'은 자정노력이 절실해 보인다. 이 사건 수사 대상자는 이런 클럽을 '성지'라고 불렀다. 핼러윈 기간에는 특정 클럽들을 전전하며 다양한 종류의 마약을 투약한 경우도 있었는데, 마치 '성지순례' 같다.

'성지'에 속하는 어느 클럽의 전광판에는 '강남의 왕'으로 불리는 변호사 이름과 그 소속 법무법인이 여러 차례 등장했다고 한다. **클럽에서 변호사 광고라니, 정말 신선한 조합이다.** 해당 클럽에서 변호사나 전광판을 직접 목격한 동아리원들의 진술에 따르면, 변호사를 위한 '연출 노래'도 있었다고 한다. 마치 프로야구 인기 선수가 등장할 때 전용 응원곡이 연출되는 것처럼 말이다.

강남 클럽에서 나오는 '강남의 왕' 변호사의 연출 노래

*출처 : https://www.clubsound.kr/recommendmusic_v2/20902315

변호사라고 해서 클럽 입장이 금지된 것은 아니지만, 이런 연출은 사실상 해당 변호사에 대한 광고성 이벤트로 보인다. 요즘은 변호사 시장에서도 온라인 광고가 대세로 자리잡았지만, 여전히 적지 않은 비중을 차지하는 오프라인 광고의 경우 법원, 검찰청, 경찰서 근처에 군집을 이루고 있다. 수요가 있는 곳에 공급이 있고, 공급자 사이 경쟁이 거세지면 새로운 수요를 찾아 나서야 한다.

위 클럽은 다른 곳에 비해 법률수요가 높은 것일까? 높다면 그 이유는 무엇일까? 혹시 클럽을 매개로 이루어지는 각종 범죄를 겨냥한 전략일까? 물론 젊은 청춘남녀들이 흥분한 상태로 부대끼는 장소적 특성상 폭력, 성범죄 등 마약과 무관한 범죄도 발생할 우려가 높고, 이럴 경우 클럽에 대해 다른 변호사들보다 더 많은 지식을 가진 '강남의 왕'이 더 나은 법률서비스를 제공할 수 있겠다.

E는 A 구속 직후, 그리고 이 사건 수사 개시 전인 2024년 초순경 '강남의 왕'이 소속된 법무법인에서 상담을 받았다. '대학생이라서 시세보다 저렴한 수임료에 선임이 가능하다'는 것이 '세일즈 포인트'였다. 수사 개시 전이라 실제 선임계약까지 이어지지는 않았는데, 정작 위 법무법인은 E에 대한 본격적인 수사 개시 후 구속영장청구가 임박했을 당시 E의 연락에는 응하지 않았던 것으로 보인다. 그러나 E가 처음부터 반성하고 단약 교육·치료에 적극적으로 임하지 않는 이상, 어떤 변호사를 선임했더라도 결과는 바뀌지 않았을 것은 분명하다. 제아무리 '강남의 왕'이라 한들 말이다.

클럽과 관련된 마약범죄를 다룬 영화·드라마에서는, 수상한 남녀들이 '룸'에 둘러앉아 돌아가면서 수상한 가루를 코로 흡입하고, 흡입 즉시 '뿅 가는' 표정과 행동으로 난리법석을 떠는 장면이 자주 확인된다. 그러나 실제로 클럽에서 다른 사람들과 CCTV의 시선에도 아랑곳하지 않고 용감무쌍하게 마약을 투약하는 경우는 흔치 않다. 클럽 자체를 색안경을 끼고 바라보는 시각이 일반적인 것은 부정할 수 없는 현실이지만, 이른바 '버닝썬' 사태 이후로 대부분의 업장에서는 자체적인 마약 단속조치를 엄격히 실시하고 있다.

게다가 LSD, 케타민, MDMA 등 대부분의 향정신성의약품은 투약 즉시 효과가 일어나는 것도 아니다. 이 사건에서도 A 등은 클럽에 들어가기 약 1시간 전에 클럽 밖에 세워둔 차량 등지에서 투약을 완료하고 클럽에 입장했다. 자취방에서 함께 투약 후 콜택시를 타고 클럽으로 이동하는 대담함을 보인 경우도 있었다. 시간적으로 클럽에 도착하자마자 환각 효과가 극대화되는 것을 노렸던 것 같다. 제아무리 클럽에서 세계의 내로라 하는 마약탐지견을 풀어놓아도, 이렇게 체내에 마약을 흡입한 상태에서 클럽에 들어오는 이들을 제지하는 것은 현실적으로 어렵다. 클럽에 입장하려는 손님 모두의 소변을 검사하는 법이 통과된다면 모를까.

클럽 못지않게 '텐프로', '호빠' 등 불건전 유흥업소가 더 문제였다. 불특정 다수가 밀물처럼 들어왔다가 썰물처럼 빠져나가는 클럽과 달리, 위와 같은 유흥업소에서는 직원과 손님 사이 일종의 신뢰관계(?)가 형성될 수 있기 때문이다. 이 사건 수사 대상자 중에서는 실제로 유흥업소 종업원으로 근무하며 적지 않은 수입을 올리면서도 손님으로부터 마약을 무상으로 공급받아 투약한 경우도 있었다. 해당 수사 대상자가 속한 유흥업소 종업원들의 메신저 단체 채팅방을 보면 그야말로 '마약지옥'이 따로 없었다. 거의 백과사전 수준으로 각종 마약류를 뜻하는 은어가 거론되는데, 투약 후에 어김없이 이어지는 성관계 관련 내용도 확인되었다. 아무리 수사 목적이라 해도 끝까지 읽는 것이 쉽지 않았다. 더럽고 혐오스러운 것을 피하고 싶은 것은 인간 본성일 것이다. 검사 일을 후회한 몇 안 되는 순간 중 하나였다.

유흥업소 종업원으로 근무한 자들 중에는 정말 위험한 상황에 놓여있는 경우도 있었다. 휴대전화 포렌식으로 확보한 녹음파일 중에는 손님으로부터 범죄 피해를 당한 정황도 확인되었는데, 부모 등 주변인들의 개입이 시급해보였다. '성인이니 자기 인생은 자기가 알아서 하겠지'라는 생각으로 못본 척 하기에는 그의 앞날이 위험해 보였다. 도대체 어디서부터 잘못되었을까? 하지만 수사기관은 휴대전화 압수수색 영장에 명시된 범죄사실과 무관한 자료를 선별하거나 이를 바탕으로 수사를 진행할 수도 없다. 나와 함께 선별 과정에 참여한 변호인이 그를 엄하게 꾸짖고 올바른 길로 인도하기를 바랄 뿐이었다.

반대로 유흥업소 종업원들을 호텔 등지로 불러 함께 마약을 투약하는 경우도 있었다. 별다른 소득 활동이 없으면서도 유흥업소에 다닐 돈은 도대체 어떻게 마련했는지 의문이다. 심지어 동아리 내 교제하는 이성 친구 몰래 이런 종류의 파티에 참가해 즐거운(?) 시간을 보낸 사실을 나중에 들켜 대판 싸움이 일어난 경우도 있었다. 정산 문제로 사이가 나빠진 다른 참가자가 파티 참가 사실을 제보하는 웃지 못할 일도 있었다. 청춘 남녀 사이에야 많은 일이 일어날 수 있지만, 그들의 좋은 머리와 소중한 시간을 자기계발과 더 나은 사회를 위해 쓰기는커녕 마약과 성적 쾌락에 빠져 허우적대는 모습을 보며 우리 사회의 미래가 심각하게 걱정되었다.

'강남의 왕' 변호사, 마약 투약 후 수술에 참가한 의사, 마약·성 등 각종 쾌락의 늪에 빠진 명문대생들의 모습이 중첩되어 수사기간 내내 뇌리를 떠나지 않았다. 화려함과 쾌락은 한 순간이다.

이 사건 동아리를 거쳐간 이들 중에는 마약에 손을 대지 않았더라도 '불건전' 유흥업소를 방문한 다수의 사례가 확인되었다. 우리가 흔히 말하는 클럽은 불건전 유흥업소에 명함도 내밀지 못할 정도로 그 불건전함은 이루 말할 수 없다. 수요가 있으니 공급이 있겠지만, 대학생들이 사회에 나가기 전부터 이런 '어두운 맛(?)'을 본다는 사실이 안타깝다. 찬란한 젊음으로 무장한 이들은, 공원 벤치에서 편의점에서 구입한 과일소주와 과자를 먹더라도 '힙한 야장' 분위기를 낼 수 있을 텐데 말이다.

나는 이들이 별다른 소득도 없으면서 어떻게 이런 유흥업소를 방문할 수 있는지 큰 의문을 가졌다. 수사 대상자의 경우 '마약매매'로 번 돈을 유흥업소에서 탕진한 것으로 의심할 수 있는 상황이었다. 그런데 다행히도(?) 이들 대부분은 얼마 되지도 않는 아르바이트비, 과외비, 용돈 등을 '영끌'해서 유흥업소 대금을 충당하고 있었다. 학비와 생활비에 보태도 모자른 돈을 유흥업소, 마약 대금으로 낭비하다니. 당연히 정상적인 생활이 될 리가 없다.

그렇다고 '힙함'에 누가 될까 소비도 줄일 수 없었으니, '휴대폰깡'과 같은 불법 대출에 손을 댄 경우도 있었다. 다행

히 압수된 휴대전화를 돌려받은 그녀의 부모가 휴대폰깡 업

자와 나눈 메시지를 확인하고는 그 즉시 적절한 조치를 취해

돌이킬 수 없는 신용의 강을 건너진 않았다. 위 '적절한 조치'란, 돈으

로 해결하는 것을 의미한다.

약 앞에 장사 없다
젊음도 그렇다

놀랍게도 마약 투약 후 환각 상태에 빠져있는 모습이 동영상 촬영되기도 했다. 안티포렌식 앱 설치, 휴대전화 데이터 선별·영구적 삭제, 마약을 지칭하는 각종 은어와 약어 사용 등 수사에 나름 철저하게 대비한 것 치고는 치명적인 실수다. 마약뿐 아니라, 대부분의 범죄는 은밀하게 이루어지고 증거를 남기지 않는 것에 집중한다.

동영상에 등장하는 인물은 "약 앞에 장사 없다"라고 말해, 수사에 큰 도움이 되는 고마운(?) 발언을 했다. 이 정도의 발언이 이루어졌으면, 해당 동영상이 음주 이후의 상황이라고 주장하는 등의 변명 따위는 통하지도 않는다. "약 앞에 장사 없다"는 발언의 원래 취지는 마약 투약 후 자제력을 잃어 평소와 다른 모습을 보이는 것을 걱정하는 데 있지만, 이 말은 생각보다 무서운 의미를 담고 있다. 찬란한 젊음과 청춘조차 약 앞에서는 속수무책이었다.

대검찰청이 발간한 〈2023 마약류 범죄백서〉에 따르면, 전체 마약 사범 중 20대는 2019년 3,521명에서 2023년 8,368명으로 두 배 이상 증가했고, 전체 연령대 중 20대가 차지하는 비중은 30.3%로 가장 높았다. 아무래도 20대가 가장 왕성하게 활동하기 때문에 이런 결과가 나타났다고 볼 수 있지만, 반대로 경제력 차원에서는 가장 취약한 세대 또한 20대이다. 사실 이 통계에는 무시무시한 비밀이 숨겨져 있

1960년 및 2025년 인구 구조도 대비

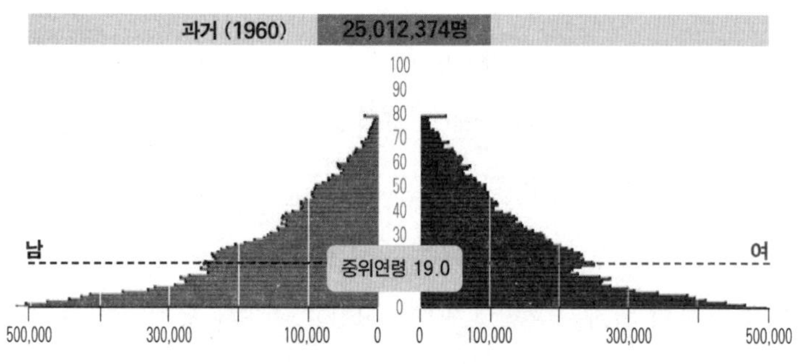

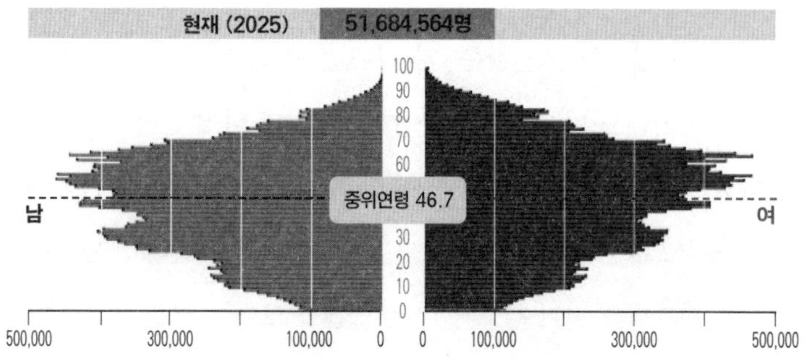

*출처 : KOSIS 국가통계포털

는데, 연령대가 높아질수록 사망률이 극도로 높아져 결국 고연령의 마약사범은 표본모수 자체가 줄어든다. 이미 고령화 사회로 접어든 대한민국의 인구구조는 점점 역피라미드 형태를 닮아가고 중위연령은 46.7세인데, 마약사범의 경우 그런 인구구조 변화따위는 가볍게 무시해버리는 것이다.

이 사건에서 범행을 자백하고 계속적인 단약 치료를 받은 자들 역시 자신의 몸에서 무서운 변화가 일어나는 것을 뒤늦게 알아차렸다. 며칠 밤을 새며 흥겹게 놀아도 끄떡 없는 20대의 강철 체력이라지만, 결국 약 앞에서 버틸 장사는 없었다.

같은 나이대 일반인에 비해 뇌파 수치가 절반도 되지 않는다거나, 평생 근처에도 가본 적 없는 주의력결핍 과다행동장애ADHD 진단을 받는 등 임상적 변화는 물론, 주변 사람이 보기에도 기억력이 심각히

연령별 마약류 사범 단속 현황

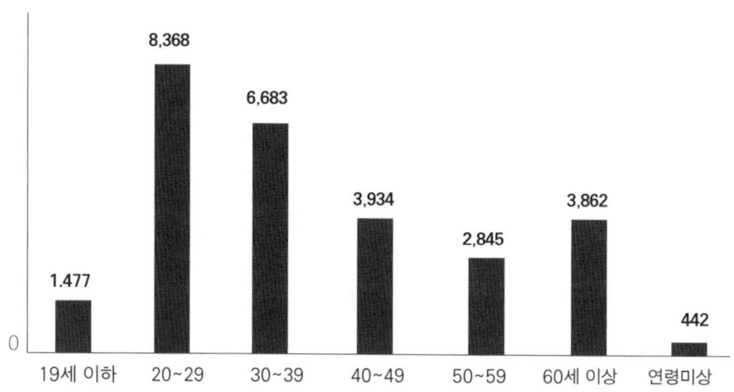

*출처 : 대검찰청 발간 〈2023년 마약류 범죄백서〉

감퇴하거나 틱장애와 비슷한 증상이 발생해 의사소통에 어려움을 겪는 경우도 있었다. 심지어 같은 마약 투약자들끼리조차 외적으로 확인되는 서로의 변화를 걱정하며 마약의 폐해를 몸소 느낀 정황도 확인되었다.

A의 상태는 더욱 심각했는데, '스티브 잡스' 운운하며 LSD를 찬양하던 그의 신체와 정신은, A로부터 마약을 접한 주변인들마저 걱정할 정도로 급격한 내리막을 걸었다. 가장 심각한 부분은 기억력 감퇴였는데, 국내 최고의 명문대 학부를 졸업하고 대학원에 입학할 정도로 수재였던 A는 그다지 오래 지나지 않은 일도 전혀 기억하지 못했다. 실재하지 않았던 일을 마치 직접 경험한 것처럼 기억이 왜곡되는 모습도 보였다. 마치 '평행우주론', '멀티버스'를 다룬 SF 영화에서 시공간의 왜곡으로 여러 명의 A가 갖는 기억이 합쳐진 모습이었다.

처음에는 A가 단순히 수사에 비협조적인 진략을 펼친 것으로 생각했으나, A가 가족, 변호인 등 주변 인물들과 소통한 내용에서 확인되는 A의 사고방식은 도저히 납득하기 어려웠다. 하다못해 공소장과 수사기록 등 객관적 자료에서도 쉽게 확인되는 마약판매 상대방이 몇 명이고, 그중 동아리 회원이 누구였는지 등 기초적인 사실관계에 관한 진술마저 명백한 오류가 다수 확인되었다. 그나마 A의 변호인 등이 A를 설득하는 등 각고의 노력 끝에 공판정에서는 그런 기억의 오류가 어느 정도 시정된 상태에서 입장이 표명되었으나, 형사처벌 여부와 무관하게 A의 앞날이 진심으로 걱정될 정도였다.

A의 정신적인 문제는 기억력 감퇴에 그치지 않았다. A가 처음 마약

범죄로 덜미를 잡힌 것은 2023년 12월 25일 호텔이었다. 이후 2023년 12월 29일, 마약과 무관한 범죄로 불구속 기소되었는데, 해당 범죄는 체포된 사건보다 훨씬 이전에 발생한 것이었다. 이 사건을 담당한 검사는 A가 별건 마약범죄로 체포된 사실을 알지 못한 채 불구속 기소한 것으로 보인다. 경찰로부터 사건을 송치받기 전까지는 해당 사건의 존재를 알기 어려웠기 때문이다. 사건 발생 후 공소제기가 늦어진 정확한 이유는 알 수 없으나, 검찰청 캐비닛에 3개월 이상 보관된 장기 미제 사건이 증가하는 추세를 고려하면, 과중한 업무 부담으로 인해 다소 처리가 늦어진 것으로 추정된다. 나 또한 미제 사건에서 자유롭지 못한 상황이었다.

3개월 이상 장기 미제 사건 추이

연도	건수
2017년	4만 9109건
2018년	5만 5931건
2019년	6만 8092건
2020년	9만 2869건
2021년	3만 2424건
2022년	5만 1825건
2023년	5만 7327건

*출처: 〈법률신문〉 2024년 10월 14일자

A는 2024년 1월 18일 구속 기소되었고, 2024년 1월 23일 두 개의 사건이 병합되어 하나의 사건으로 처리되었다. 피고인 입장에서는 별개의 사건에 대해 각각 재판을 받아 따로 형을 선고받는 것보다, 병합을 통해 하나의 재판에서 하나의 형을 선고받는 것이 훨씬 유리

하다.

　이러한 병합은 보통 공소 제기 당시 검사의 신청에 따라 이루어지는데, 병합 신청이 항상 받아들여지는 것은 아니다. 각 사건이 1심 재판 중인 경우에 한해 허가되는 것이 일반적이다.**법적으로는 항소심 변론 종결까지 병합이 가능하다.** 만약 A가 체포되기 훨씬 전에 마약과 무관한 선행사건으로 이미 기소되어 1심 선고가 내려졌다면, A는 체포된 마약범죄에 대해 별도의 재판을 추가로 받아 두 개의 형을 선고받게 되었을 것이다. 따라서 A에 대한 선행사건 처리가 지연된 것이 오히려 A에게 유리한 결과를 가져온 셈이다.

　그러나 A는, 검찰이 일부러 자신에 대한 선행사건**마약과 무관한 범죄**을 기소하지 않고 처리를 유보하던 중, 자신이 마약범죄로 체포되자 기다렸다는 듯이 기소했다며 마치 자신이 '사법 피해자'인 것처럼 불만을 토로했다. 하지만 A가 이 사건으로 주목을 받기 전까지 A는 평범한(?) 30대 남성에 불과했고, 선행사건의 지연 처리로 인한 사건병합으로 오히려 더 유리해졌으므로, A의 위와 같은 주장은 도저히 납득할 수 없었다.

　참고로 2023~2024년 남부지검을 거쳐간 피의자들 중에는 국민메신저를 서비스하는 IT기업 창업자, 전직 대통령 내외 스캔들에 포함된 무속인, '빅5' 금융지주사 전 회장, 현직 검사 등 세간의 이목을 끄는 인물들이 다수 포진해있었다. 이런 상황에서 검찰이 일부러 A를 겨냥해 사건 처리를 지연시킬 만한 여유나 이유는 전혀 없었다. 그럼에도 불구하고 A가 설득력 없는 논거로 검찰을 비난하는 태도는 이해하기 어려웠다. 단순히 검찰에 대한 반감에서 비롯된 주장이라 보기에도 A의 논리는 너무나도 합리적이지 않았다.

더욱이 A는 '동아리 협력 변호사'가 있다는 점을 동아리 홍보에 활용하는 등, 이 사건 전후로 여러 변호사로부터 법률적 조력을 받았으며, 자신에 대한 형사사건 처리 내역에 관해 분명히 변호사에게 문의했을 가능성이 높다. 그럼에도 이런 납득하기 어려운 주장을 반복하는 것은, 나의 눈에는 마약 등으로 인해 정상적인 판단 능력이 이미 상당 부분 결여된 결과로 보였다.

'협력 법률사무소' 홍보 내용

📌차원이다른 ███만의 3중 신고/제보 시스템

< 1. 실시간 신고 제도 >
< 2. 익명 신고 제도 >
< 3. '██변' 제도 - (███ 협력 법률사무소를 통한 신고) >

*출처 : 동아리 공식 인스타그램 계정

한편, 마약으로 인한 정신건강, 특히 기억력의 문제는 수사에 전면적으로 협조한 자들에게도 발생했다. 이미 수사에 전면 협조하기로 결심한 이상 A와 달리 숨기거나 거짓말을 할 이유가 없음에도, 이들 중 일부는 바로 전날에 발생한 일을 깨끗하게 잊어버리는 일이 수회 반복되었다. 방학이나 휴학 상태이고, 직장이나 육아 등 현생에 쫓기는 상황이 아님에도 말이다. 단순 자료제출 요구도 잊어버려 몇 번이고 재촉을 해야 겨우 일부 자료를 제출하는 모습은 '정상인'의 모습과는 차이를 보였다. 정상인이라면 처벌이 두려워서라도 자신이 한 자료제출 약속은 지킬 것이다.

부모의 가슴에 꽂은 칼,
과연 뺄 수 있을 것인가?

자고로 부모란, 자식의 잘못된 점은 따끔하게 지적하고 다시는 잘못된 선택을 하지 않도록 사랑으로 이끌기 마련이다. 불완전한 인간이 이토록 오래 번영할 수 있었던 핵심은 결국 '가족'이다. 이 사건 수사 대상자의 가족관계를 속속들이 알기는 어렵지만, 부모나 친척이 작성한 탄원서를 보면 대략적이나마 이들 대부분이 가족의 사랑을 받으며 자란 것을 알 수 있었다.

A 역시 마찬가지였는데, 안타깝게도 A는 모친을 떠나보낸 상태로 부친과 둘이서 거주하던 중 구속되었다. 부모 중 한 분이 돌아가셨다는 이유가 마약범죄에 빠져든 것을 정당화할 수는 없다. 하지만 A에 대한 피고인신문 당시, 부친을 모시고 살면서 마약 등 범죄를 저지른 이유를 묻자 제대로 된 답변을 하지 못한 A의 쓸쓸한 모습이 떠오른다.

나는 이 사건 재판 과정에서 공판부를 떠나 수사 부서에서 근무했기 때문에 '수사 검사 직관'공판 검사가 아닌 수사 검사가 공판도 수행하는 업무형태을 했다. 보통 일반인들의 출입이 제한된 '재판부 출입문'을 사용하는 공판 검사와 달리 직관에 임하는 수사 검사는 다른 방청객들과 마찬가지로 복도 쪽 출입문을 사용한다. 자연스럽게 이 사건 및 그 전후의 다른 재판 방청객과 자주 마주치게 되었고, 재판이 여러 번 이어지면서 피고인 가족·변호인 및 기타 사람들을 구분할 수 있게 되었다. 이 사건으로 인해 누구보다도 심적 고통이 컸을 피고인 가족의 모습은 평생 잊을 수 없을 것 같다. 범죄를 저지른 당사자는 인과응보라 억울할 일은 없겠지만, 그 가족들은 무슨 죄인가.

A의 체포·구속으로 A 다음으로 가장 큰 피해를 입은 사람은 A의 부친이었다. A의 부친은 A를 한 주에도 수회에 걸쳐 접견하고 영치금을 넣어주는 등 옥바라지를 하는 것은 물론, A의 요구사항을 변호인에게 전달하는 등 중간에서 갖은 고생을 한 것으로 보인다. A에게 있어 사실상 유일한 혈육인 부친이 A의 송사를 도와주는 것은 이상할 것이 없어 보이지만, A의 옥바라지는 결코 쉽지 않다. 수사 개시 이전에 이미 재판을 받던 사건도 충분히 복잡한 사건이었는데, 그보다 더 규모가 큰 2개의 사건마약범죄 등이 동시다발적으로 진행되면서 입장 정리, 의견서 제출, 증인신문사항 작성 등 챙길 것이 이만저만이 아니다.

결과론적인 이야기지만, A와 부친 그리고 변호인이 처음부터 모든 정보를 교류하며 합심했다면 고생을 최소화하면서도 합리적인 결과를 충분히 도출할 수 있었다. 그러나 A가 부친에게 사건의 모든 전말을 솔직하게 털어놓은 것은 이 사건 수사 개시 훨씬 이후로 보인다. 아무리 부모 자식간이라도 자신의 치부를 온전히 드러내기 어려운 것은 이해못할 바는 아니다. 그러나 모든 일상을 제쳐두고 A의 옥바라지에만 매달리는 부친으로서는, 자식이 도대체 무엇 때문에 옥살이를 하고 있는 것인지, 사건의 전말은 무엇인지 등 상세한 내용을 자식으로부터 들어야 하지 않을까? 부친에 대한 A의 태도는 여러모로 아쉬운 부분이다.

A는 변호사들에 대한 요구사항이 매우 많았던 것으로 보인다. 그러나 변호사들 역시 A의 사건만 담당하는 것은 아니고, 법률전문가가 아닌 A의 요구사항에 반대되는 법률적인 의견을 얼마든지 개진할 수 있다. 그런 의견 개진도 없이 의뢰인의 요구사항을 무비판적으로 따른다면 출중한 변호인이라고 보긴 어렵다.

물론 어디까지나 사건 당사자는 A이므로 최종 의사결정권은 A에게 있지만 말이다. 적어도 나의 눈에 A의 변호인들은 A의 최선의 이익을 위해 가장 합리적인 선택을 했고, 그 과정에서 A를 설득하느라 큰 고생을 한 것으로 보인다. 그런 A의 변호인들보다 더 힘든 시간을 보낸 것은 A의 부친으로, A와 변호인들 사이에서 양측의 요구사항을 교차 전달하느라 본의 아니게 '샌드위치' 신세가 되어버렸다.

'무죄 주장은 가망 없다'는 변호사들의 의견에도 불구하고 사랑하는 자식의 목소리에 귀를 기울이지 않을 수 없는 아버지의 마음을 나는 감히 헤아릴 수 없다. 사랑하는 자식이 옥살이를 하는 판에 인생에 그 어떤 것이 의미가 있을까. 여러 차례 진행된 기일에 단 한 번도 빠지지 않고 법정 방청석에서 재판에 집중하던 A의 부친의 모습은, 압수수색 당시보다 훨씬 수척해보였다.

자식이 재판받는 모습을 방청하는 부모의 모습을 목격한 것은 다른 피고인들의 경우도 마찬가지였다. 수의를 입은 자식의 모습을 차마 보지 못해, 법정 밖 복도 의자에서 고개를 푹 숙인 채 재판이 끝난 변호인의 부축을 받아 겨우 발걸음을 옮기는 분도 계셨다.

그중 나의 가슴을 찢어지게 만든 슬픈 일화도 있었다. 모 피고인의 재판 기일 진행에 관해 변호인이 나에게 양해를 구할 일이 있었다. 그날 재판 진행이 다소 지연되었는데, 해당 기일에 진행하기로 했던 신문을 그 다음 기일로 연기하는 것에 동의해달라는^{정확히는 반대하지 말아 달라는} 취지였다. 이미 나는 신문을 모두 준비해왔고, 그날 예정된 내용을 마치지 못할 경우 나의 업무일정에도 지장이 초래되기 때문에 동의하기 쉽지 않았다.

그러던 때 휴정 시간에 화장실을 다녀오는 나를 불러세우고 정중하게 협조를 부탁하는 변호인의 뒤편에는, 거의 아들뻘인 나에게 연신 허리를 굽히는 초췌한 얼굴의 부모가 서 있었다. 내가 알기로 그분들 역시 상당한 사회경제적 지위를 가지며, 어디에서 절대로 고개 숙이며 살 사람들은 아니었다. 그러나 이미 자식으로 인해 가슴에 칼이 꽂혀버린 그네들의 모습은, 운명의 거친 풍파 앞에서 주눅든 중년 부부 그 이상도 그 이하도 아니었다. 조금만 색안경을 끼고 보면, 그들의 가슴에 칼을 꽂은 것은 나라고 생각할 여지도 있다. '맨땅에 헤딩하기'식으로 사건을 파헤친 '괴짜 검사'를 만나지 않았다면 이 사건 대부분의 범행은 수면 위로 드러나지 않았을 것이기 때문이다. 실제로 자신이나 자기 자식의 범행에는 눈을 감고 나만 원색적으로 비난한 사람들도 있었다.

내가 복도에서 만난 분들 역시 나에게 좋은 감정을 가질 순 없겠다. 아무리 '공익'으로 포장해도, 결국은 내 자식의 어두운 그림자를 드러낸 사람이기 때문이다. 그러나 나의 눈에 비친 그분들은, 복수심 등 악감정이 아닌, 자식에게 더 이상의 불이익이 없길 바라는 진심어린 모습이었다. 과장을 조금 보태자면, 자식의 죄를 대신 짊어질 수 있다면 자식 대신 자신들이 투옥되는 것도 받아들일 것만 같았다. 그 모습 앞에서는 차마 그네들의 요구를 매몰차게 거절할 수 없었다. 결국 그날 재판은 피고인 측이 원하는 대로 일부 진행 예정사항이 다음 기일로 연기된 채로 종료되었다. 물론 그렇게 연기되더라도 결과에는 아무런 차이가 없었지만 말이다.

이 사건 수사 대상자의 부모들 중 자식들이 마약에 손을 대는 것을 미리 알았던 경우는 전혀 없었다. 명문대에 입학한 자랑스러운 자식이 마약에 손을 대리라고 상상이나 할 수 있을까? 그중 일부는 수사가 개시되어도 이를 부모에게 알리지 않고 갑자기 구속되거나, 집으로 날아온 재판 출석요구서를 부모가 먼저 확인하고 뒤늦게 대응이 이루어진 경우도 있었다. 자식을 명문대에 보낼 정도의 부모라면, 자식으로 하여금 행동에 대한 책임을 지게 하되 다시는 범죄를 저지르지 않도록 올바른 길로 이끌 것이다. 이 사건에서도 계속해 무죄를 주장하는 자식을 엄히 훈계하고 수사·재판에 성실히 임하도록 한 부모들이 대부분이었다. 자식 이기는 부모 없다지만, 그 말이 자식의 명백한 잘못을 그대로 방임하라는 뜻은 아닐 것이다.

반면, 그런 강한 면모를 찾아보기 어려운 경우도 있었다. H는 변호인 선임 없이 수사 과정에서의 '가짜마약' 주장을 일관하면서 자신의 부모에게도 수사를 받는다는 사실을 알리지 않았던 것 같다. 그러나 공소제기 이후에도 첫 기일에는 국선변호인이 선임되었는데, 그 이후부터는 사선변호인이 선임되었고 H의 가족들이 매 기일에 총출동해 재판에 대응했다.

그 변호인은 오랫동안 법원에 몸담은 고위 법관 출신이었다. 법조 경력도 긴 분이었는데 H의 주장을 그대로 답습했다. H의 부모도 변호사 등 법률전문가는 아니었지만, 그들의 귀에도 H의 주장은 납득하기 어려웠을 것이다. 나의 기분 탓일지도 모르겠으나, 법정에서 H의 주장과 정면으로 모순되는 증언과 증거들이 하나씩 제시되자 방청석의 분위기는 점점 무거워졌다. 마치 2010년 남아공 월드컵 준결승전에서 독일의 골수가 점점 늘어가자 침울해지는 브라질 응원석의 분위기를 연상케 했다.

물론 1심 재판부는 '수사 개시, 공소제기 위법성' 주장을 받아들여 공소기각 판결을 선고했으나 공소기각 판결이 확정되어도 경찰의 재수사를 통해 얼마든지 유죄판결 선고가 가능하다. 법정에서 사건의 실체를 직접 접한 H의 부모로서는 과연 공소기각 판결 소식에 진심으로 기뻐했을까. 사실 부모로서는 재판 결과보다 사랑하는 자식이 더는 마약에 손대지 않는 것이 훨씬 중요할 것이다.

재판 결과가 어떻든 이들은 가슴에 꽂은 칼을 서둘러 빼내고 상처를 치료해야 한다. A는 1심 공판 최후진술에서 '다시 마약에 손대면 그것은 아버지를 죽이는 일이나 다름없다'라며 강한 어조로 반성의 목소리를 냈다. 언론에는 "똑같은 잘못을 저지르면 (그때는) 아버지께 상처와 고통을 준다는 생각으로 반성하겠다고 호소했다" 정도로 표현이 순화되었으나, 그 태도 불량하던 A 역시 자신이 부친의 가슴에 칼을 꽂았던 것을 여실히 느끼고 있어 다행이다.

수사노트

　사랑으로 키운 자식이 마약에 손을 댄 사실을 알게 된 부모의 마음은 어떨까? 그 어떤 부모가 자식이 전과자가 되는 것을 원하겠냐만, 실제로 부모가 자식의 마약범죄를 인지하고 자수하게 하거나, 심지어 경찰에 신고하는 경우를 심심치 않게 찾아볼 수 있다. 광역 지방자치단체장을 역임한 유력 정치인이 아들의 마약범죄를 경찰에 신고하고, 출소한 아들을 따뜻하게 안아주는 모습이 언론에 보도되었다. 그러나 처음에 아들의 마약범죄를 인지하고 휴대전화에 112를 누르는 그의 마음은 어땠을까? 세 개의 숫자를 누르고 '통화' 버튼을 누르는 간단한 조작이지만, 그 손가락의 움직임에 담긴 무거움은 나로서는 감히 상상도 할 수 없다.

　마약범죄의 가장 큰 악성惡性은 결국 '중독'이다. 고된 수형 생활로도 끊기 어려운 것이 바로 마약이다. 그런데 의외로 적지 않은 마약사범들이 마약을 극복하는 포인트가 바로 '가족'이다. 물론, 애초에 정상적인 사고를 가지고 있었다면 가족을 위해서라도 마약에 손을 대진 않았겠다. 그러나 마약사범들 중 적지 않은 이들이, 사랑하는 자식이, 배우자가, 부모가 마약범죄자라는 사실을 처음 알게 된 가족의 반응을 보고 마음을 돌리게 된다.

이 사건에서, 사랑으로 키워 명문대까지 보낸 자식이 마약범죄로 체포, 구속되었다는 사실을 처음 알게 된 부모의 반응, 그리고 이를 접한 마약사범의 고뇌를 처음 경험했다. 나는 이 사건에서 구속된 이들이 가족과 접견하는 녹음파일 수천 개를 모두 청취했는데, 가장 듣기 힘든 녹음파일은 나에 대한 욕설이나 협박, 귀를 따갑게 하는 고성과 울부짖음도 아니었다. 어제는 자랑스러운 명문대생이었으나, 오늘은 마약사범으로 분류된 수의를 입은 자식의 모습을 처음 보고 말 없이 흐느끼는 노모의 울음소리, 그리고 이어지는 침묵. 이 사건이 아니었으면 평생 나와는 부대낄 일도 없는 사이였지만, 나는 애간장이 끊어지는 고통을 느꼈다. PTSD가 바로 이런 것일까.

이러한 마약 극복의 과정은 '사랑'을 최우선의 가치로 두는 가정이라는 전제 하에서만 이루어진다. '가족의 사랑'을 끝까지 포기하지 말아야 할 이유다.

6장
마약의 피해자들

1차 언론보도와
대학가의 자정운동

앞서 언급했지만, 이 사건은 죄질만 놓고 보면 대한민국 전체 마약범죄 중 대규모 사건이라고 보기 어렵다. 그러나 '명문대'와 '대학생연합동아리'라는 키워드는 세간의 관심을 불러일으키기에 충분했다. 게다가 고급호텔·외제차, 파인다이닝, 클럽, 뮤직페스티벌, 집단성관계 등 웬만한 막장드라마 못지 않은 도파민 기폭제가 즐비했다.

2024년 8월 5일 이 사건 관련 첫 언론보도 당시 남부지검에서 언론브리핑이 이루어졌는데, 언론브리핑 준비에도 적지 않은 시간이 소요되었다. 국민의 알 권리를 충족시키고 마약범죄에 경종을 울리는 공익과 수사 대상자 및 동아리 회원들의 사생활이라는 사익 사이에 적정한 균형을 찾는 것은 매우 어려운 일이었다.

수사 관계자들의 도움으로 브리핑자료는 어렵게 탄생했다. 속칭

‘어그로’를 끌 만한 원색적인 내용까지는 공개하지 않는 쪽으로 결론이 모아졌지만, “팀전이란 말이야. 나만 입 다물면 안 돼. 우리 다 같이 다물어야 돼”와 같은 통화 내용들은 범죄에 노출될 수 있는 꿈나무들에게 강한 경고를 주기 위해 목소리 변조 등 조치를 취한 후 공개하기로 결정했다.

언론에 공개하던 날, 모든 뉴스는 이 사건으로 도배되었다. 지인들과 함께하는 메신저 단체 대화방은 물론, 정보교류 목적으로 참여한 익명 채팅방에서도 해당 기사가 공유되었다. 명문대생들이 어쩌다가 마약에 손을 대었는지, 작금의 현실에 개탄하는 목소리가 대부분이었다. 무엇보다 언론 보도에 달린 댓글은 원색적인 비판 일변도였다. 명문대생이라는 신분 자체만으로도 속칭 ‘그사세그들이 사는 세상’로 받아들이는 대중들 입장에서는 면접을 통해 엄선된 자들만 가입할 수 있는 동아리 회원들이 고급 호텔에서의 파티 등을 즐긴다는 것에 대한 박탈감과 그 과정에서 마약범죄를 저질렀다는 사실에 분노하며 시너지(?) 효과를 낸 것으로 보인다.

대한민국 기자들의 취재력 역시 대단했다. 검찰 보도자료와 브리핑자료에는 일부 수사 대상자의 소속 대학, 성별, 연령대를 제외하고는 인적사항을 특정할 일체의 자료를 배제했음에도, 검찰발 자료에는 전혀 공개되지 않았던 동아리방의 위치, 일부 피고인의 과거 송사, 수사 과정에서는 존재조차 알지 못했던 참고인범행을 목격한 동아리원 등 인터뷰 등이 거의 2~3일 간격으로 계속 보도되었다. 특히 이 사건 동아리 인스타그램 계정의 사진이나 동영상이 보도자료에 적극 활용되었다. 애초에 모자이크 처리된 상태로 게시되어 불필요한 사생활 침해가 발생하지 않도록 한 것이 다행이었다.

언론브리핑 동안 나는 강단 한 귀퉁이에 꿔다놓은 보릿자루처럼 서 있었다. 언론보도에서 뻘쭘하게 서 있는 모습을 본 지인들 중에는 몇 다리 건너 A를 아는 사람도 있었다. 당연히 A 및 동아리와 관련된 온갖 정보들이 나에게 제공되었는데, 제보자들에게는 미안한 이야기지만 이런 방식으로 첩보(?)를 받아 수사에 활용하는 것은 증거능력 측면에서 문제될 소지를 배제할 수 없다. 개인적인 인연을 통해 제공받은 정보는 사적 감정이 가미된 경우가 많은 편이고, 쟁점과의 관련성을 인정하기 어려운 측면도 있기 때문이다.

나중에 알게 된 사실이지만, 이때까지만 하더라도 수사선상에 올라와 있지 않던 일부 피고인들은 관련 기사를 실시간으로 공유하며 수사에 대비했다. 언론브리핑에 이니셜로 익명화된 자들이 누구인지, 이들이 어떤 진술을 했길래 사건이 확대되었는지 등을 논의하는 것은 물론, E의 "팀전이란 말이야. 우리 다같이 입을 다물어야 돼" 등 발언이 담긴 통화내용이 어떻게 공개되었는지 그 원인 제공자를 색출(?)하자는 내용도 있었다. 목소리 변조 등 익명화 조치에도 불구하고 통화 당사자 및 통화내용에 나오는 대상자들은 말 그대로 '제발 저린' 모양이었다.

언론보도가 예상보다 크게 퍼지게 되자 마치 비상대책위원회를 구성하듯 일제히 증거인멸 모드로 돌입했는데, 이 정도 되면 언론보도가 후속 수사에 악영향을 줄 우려도 배제할 수 없었다. 국민의 알권리 등 공익도 중요하지만, 성공적인 수사에 있어 '밀행성' 역시 간과할 수 없는 요소이다. 이미 다수의 증거가 인멸되었지만, 언론보도에 크게 놀란 수사 대상자가 더욱 적극적으로 증거를 인멸할 경우 향후 수사에 지장을 초래할 것은 쉽게 예상할 수 있었다.

그러나 언론보도의 긍정적인 효과도 괄목할 만하다. 당장 대학가에서는 자정의 움직임이 감지되었다. 사단법인 대학을 위한 마약 및 중독 예방센터DAPCOC, 이하 '답콕'는 대학생 마약예방 활동단 발대식을 갖고 대학가 마약근절을 위한 다양한 활동을 펼쳤다. 마약범행 자수로 세간의 관심을 모았던 전두환 전 대통령의 손자 전우원 씨는 2024년 6월경 서울 모 대학에서 운영된 답콕의 마약예방캠페인 부스에서 중독 예방활동에 참여하기도 했다. 답콕과 무관하게 이루어지는 마약예방 관련 활동도 부지기수인데, 이 사건이 대학가에서 마약 자정운동에 기여했다는 점은 매우 고무적이다.

그러나 한편으로는, 너무나 당연한 것을 별도의 단체활동까지 해가며 홍보해야 한다는 현실에 씁쓸함이 든다. 입학하기도 어려운 명문대 캠퍼스에서, 지나가는 명문대생을 상대로 별도의 부스까지 차려가며 '당연한 것이 당연하다(?)'라는 말을 해야 하는 작금의 상황에서 누가 '마약청정국'이라는 말을 한다면 헛웃음만 나올 것 같다.

누누이 말하지만, 부정확한 지식은 아예 모르는 것만 못하다. 1차 언론보도 직후 이 사건 수사 대상자의 메신저 대화를 보면, '검찰이 통화내역을 추적하고 있고, 일반 통화기능은 자동녹음될 우려가 있으니, 보이스톡 등 모바일 메신저가 제공하는 데이터 통화기능을 이용하자'는 수사대비법이 마치 학과 조교의 공지사항처럼 동아리 회원들이 속한 단톡방단체채팅방에 공유되었다. 무엇보다도 '팀전' 운운한 E의 통화녹음 내용이 공개되면서, 자동 통화녹음에 대한 공포감이 동아리 회원들 사이에 퍼져나갔다. 굳이 마약 등 범죄 관련 내용이 아니더라도, 들키고 싶지 않은 사적인 통화내용이 자신도 모르게 불특정 다수에게 공유될 수 있다는 생각이 들었나 보다.

그러나 이런 수사대비법은 오히려 수사에 도움을 주는 역효과를 낳았다. 모바일 메신저를 이용한 데이터 통화내역도 포렌식을 통해 얼마든지 추출 가능하고, 그 통화내용도 얼마든지 자동 녹음될 수 있다. 일부 수사 대상자는 '공적'을 세우기 위해 데이터 통화내용을 녹음하는 앱을 설치하거나, 아예 '스피커폰' 기능을 이용해 크게 들리는 음성을 녹음기를 통해 별도로 녹음하는 수고를 들였는데, 수사기관 입장에선 정말 감사할 따름이면서도, 공적을 세우기 위한 처절한 몸부

림에 실소를 금할 수 없었다.

데이터 통화가 안전하다는 잘못된 인식이 퍼지자, 단 한 마디로 혐의유무를 명백히 판가름할 수 있는 주옥같은 발언이 여과 없이 이루어진 통화 녹음파일이 확보되었다. 녹음이 불가능하다고 생각한 나머지 긴장이 풀렸던 것일까. 낚시꾼은 그대로 낚시대를 드리운 상태인데, 갑자기 고기가 모여든 격이다. 그것도 싱싱한 월척 말이다.

참고로 위와 같이 단톡방을 통해 공유된 내용은 '수사대비법' 외에 나에 관한 내용도 있었다. '독종', '피도 눈물도 없는 인간', '실적에 눈이 먼 야심가' 등 온갖 비난이 줄을 이었다. 그중에는 원색적인 욕설도 있었다.

2차 언론보도와
블랙리스트 신상공개

약 한 달이 지나 2차 보도자료 배포가 이루어졌다. 후속 보도자료를 낼만큼 수사가 진전되었는데, 2차 보도자료의 테마는 '동아리 밖으로 퍼진 마약'이었다. 동아리 회원이 아닌 의사, 상장사 임원 등 도저히 접점을 찾기 어려운 다양한 직업·연령대의 인물들이 마약을 중심으로 서로 얽혀 있었다.

2차 보도자료 배포는 상상조차 하지 못한 폐해와 결부되어 있었는데, 바로 의사인 피고인 G의 신상이 사실상 공개되었다는 것이다. 2차 보도가 이루어질 2024년 9월경은 이른바 '의료대란'으로 사회적 갈등이 극에 달했던 시점이었다. 의대 증원 등 정부 정책에 반발하며 전공의를 중심으로 사직이 이어지는 가운데, 의사 집단 내부적으로도 사직 여부 등에 관해 갈등이 있었던 것으로 보인다.

그러나 정작 G는 사직 등의 방법으로 의료현장을 떠나지 않고 계속 근무했는데, 일부 의사들이 G를 포함한 리스트를 만들어 텔레그램을 통해 공개했다. 사직행렬에 참여하지 않은 '참의사'라고 조롱받는 대상이 된 것인데, 법의 잣대를 들이밀지 않더라도 당연히 잘못된 행동이고 절대로 일어나서는 안 되는 일이다. 해당 블랙리스트 작성자는 2024년 10월 구속 기소되었다.

블랙리스트 작성 및 공유 자체도 불법이지만, 이 사건 2차 언론보도가 이루어지자 블랙리스트에서 G의 인적사항을 찾아내어 관련 보도 댓글에 '참의사' 운운하는 조롱마저 이루어졌다. 아무래도 서울 소재 상급종합병원 수가 적고, 갑작스러운 구속으로 출근하지 못하는 상황에 대한 소문이 의료계라는 좁은 사회에 순식간에 퍼진 듯하다.

정부의 의료 정책에 반대할 수 있고, 정책 찬반 여부와 무관하게 직업 선택의 자유를 행사하며 사직할 수는 있다. 하지만, 자신과 생각이 다르다고 사직하지 않는 의사를 신상 공개까지 하며 비난하는 것은 누군가에게는 사직하고 싶어도 할 수 없을 정도로 생계 유지가 문제될 수 있다. 용납될 일이 아니다.

사실 의사 신분을 가진 마약사범은 점차 늘어가는 추세이다. 인구감소에도 불구하고 전체 마약사범 수는 늘어만가는 추세이다. 의사들이 다른 직업군에 비해 마약에 손을 더 댄다고 볼 수는 없지만, 특히 의료용 마약류에 대

직업별 마약사범 추이(단위: 명)

구분	'23년	'24년 10월
총계	17,817	11,699
의사	323	294
교수, 교사(사립)	8	8
문화, 예술, 체육인	113	86
기타 전문/관리직	773	608
식음료	448	280
여가오락	293	179
돌봄, 보건	66	19
미용관련	109	39
숙박, 기타 서비스	1,688	1,194
기계조작직(운전, 운송 등)	378	202
공무원	19	19
사무직	587	345
판매직	381	241
농림어업축산광업종사자	617	298
단순노무/기능직	1,990	1,440
전업주부	275	140
학생	988	324
무직	7,907	5,332
미상 등 기타	854	651

*출처 : 연합뉴스

한 높은 접근성에 비추어 '유통' 범죄에 연루될 우려를 배제할 수 없다. 다행히 이 사건에서는 의료용 마약류가 유통되지는 않은 것으로 보인다. G 역시 자신이 근무하는 병원이 아닌, A 등 동아리 회원으로부터 마약을 구했다. 의료용 마약류라니, 이름만 들으면 위험성이 낮아 보이지만, 이는 심각한 오산이다.

미국을 '마약좀비'로 위협하는 펜타닐 역시 코로나 백신 제약회사로 알려진 얀센이 개발한 마약성 진통제이다. 만약 이 사건으로 G가 적발되지 않았다면, 이미 마약에 손을 댄 G가 과연 자신의 손을 거쳐 처방되는 의료용 마약류를 보고도 억제할 수 있을까. 의사 예비시험, 의사 국가고시 등 의사 자격증을 회득하기 위한 과정에서 의료용을 포함한 전체 마약류의 위험성을 명백히 인식했을 G의 범행은 아직도 이해하기 어렵다. 물론 사법시험 혹은 변호사시험을 거쳐 누구보다도 법령과 준법의식을 체득했을 법조인도 범죄를 저지르는 세상이니, 크게 놀랄 일도 아니다.

약쟁이지만
'애인 있어요'

상장사 임원 I는 2차 보도자료에서 적지 않은 비중을 차지했다. 국내 최고 기업의 오너도 마약 투약으로 유죄판결이 확정되었으니, 상장사 임원이 마약범죄에 연루된 것이 대수일까 싶기도 하다. 우리의 슬픈 현실이다.

그러나 G는 이미 마약 밀수·투약으로 구속 기소되어 유죄 판결이 확정된 전력이 있음에도 상장사 임원 자리를 꿰찼는데, 상장 여부와 무관하게 대부분의 기업이 인턴 채용 과정에서도 범죄경력 조회를 엄격하게 실시하는 점에 비추어 납득하기 어려운 채용이다.

이는 상장제도 전반에 대한 신뢰와도 연결되는데, 그 어떤 주주가 자신이 소유하는 기업이 마약범죄자를 임원으로 채용하는 것을 환영하겠는가. I는 범죄 전력에도 불구하고 채용할 별다른 유인 상장사 오너와의 친인척 관계 등도 없어 보였다. I는 임원으로 중요한 업무에 투입되어 하루하루 바쁜 시간을 보냈는데, 갑작스러운 구속으로 인수인계도 제대로 되지 않았을 테니 해당 상장사 입장에서도 손해가 이만저만이 아니다.

I는 여대생에게 마약을 무상제공해 함께 투약했다. 40대 상장사 임원과 20대 여대생 사이에는 별다른 접점을 찾아볼 수 없었다. 실제로 이들은 범행 약 3주 전에 처음 알게 된 사이였다. 강남 소재 술집에서 주선자(?)와 함께 셋이서 만난 자리에서 무슨 이야기가 오갔을까? 소개팅이나 맞선 자리라고 보기는 어려운 자리였다.

이들 모두 만남 이전에 마약 투약 경험이 있었고, 해당 만남 자리에서 마약 관련 대화가 이루어진 사실을 인정했다. 그로부터 얼마 지나지 않아 이들은 서울 모 호텔에서 필로폰을 투약했는데, 이날 I는 필로폰, 주사기 등 투약에 필요한 준비물은 물론, 각종 성인용품도 지참했다. 실제로 I는 해당 여대생에게 주사기를 이용해 필로폰을 투

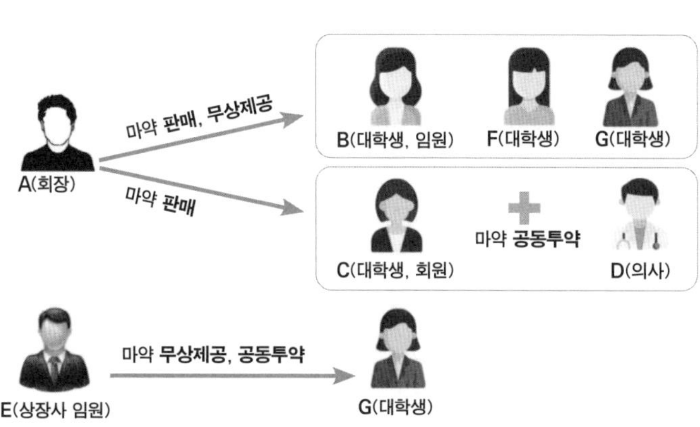

범행 구조도

여하는 방식으로 마약을 무상제공했는데, 이러한 마약 무상제공에는 부적절한 관계가 뒤따랐다. 세상에 공짜 점심은 없다. 여대생은 동아리 회원은 아니지만, I 등으로부터도 마약을 제공받아 투약한 전력이 있는 '명문대생'이다. 이쯤 되면, '마약으로 대동단결'이다.

마약사범 사이에도 '상도덕'이 있다. 오래도록 마약을 즐기고 싶은 (?) 투약사범의 경우 일회용 주사기**다회용 주사기를 사용할 경우 매 투약 시 어떤 균이 들어갈지 모른다.** 여부를 철저히 확인한다. 이미 마약으로 몸을 버린 투약사범들이 주사기 재사용 여부를 꼼꼼히 따질지 의문이 들 수 있겠으나, 마약사범들 사이에서 주사기 재사용은 에이즈HIV 바이러스의 주된 전파 경로 중 하나이다.

그런데 I는 자신보다 한참 어린 여대생을 호텔로 불러 필로폰을 투여하면서도 일회용 주사기 사용 여부를 확인해달라는 그녀의 계속된 요청을 무시했다. 물론, 애초에 해당 여대생이 필로폰 투약 전 투약에 사용할 주사기를 직접 확인하면 될 일이었다. I가 주사기 포장지를 뜯었는지, 하다못해 객실 쓰레기통에 뜯겨진 포장지가 있는지 여부만 확인하더라도 쉽게 확인이 가능한 부분이다. 하지만 확인 절차도 거치지 않았다. 다행스럽게도 해당 여성은 에이즈 검사 결과 음성으로 확인되었는데, 마약사범 사이의 기본적인 상도덕조차 무시한 I에게 그녀는 마약 투약 후 그대로 버려지는 주사기 그 이상도 이하도 아닌 것이다.

I가 자신보다 훨씬 어린 여성과 함께 마약을 투약한 것은 이 사건 뿐만이 아니었다. 마사지 업소, 호텔은 물론, 심지어 노모를 모시고

사는 주거지에서도 공동 투약이 이루어졌다. 특히, I의 주거지에서 함께 필로폰을 투약한 여성은 이제 막 성인이 되었는데, 어린 나이에도 마약 전력이 다수 확인되었다. 그런데 이에 관한 I의 변명이 정말 볼썽사납다. 마약에 중독된 여성에게 단약을 위한 거소를 제공한답시고 자신의 주거지 방 한 칸을 내주었는데, 순간의 유혹(?)을 이기지 못하고 함께 필로폰을 투약했다는 것이다. 늑대를 피해 안전한 동굴을 찾아 들어갔더니 그 안에 호랑이가 도사리고 있는 격이다.

I는 수사에서 범행을 전면 부인했고 단약과 업무에 매진하고 있는 자신이 수사받는 것이 이해가 되지 않는다며 뻔뻔한 태도를 취했다. 심지어 미국 출장이 예정되어 있으니 출국금지를 풀어달라며 출장신청서와 항공권을 제출했다. 그러나 위 신청서는 I 스스로가 기안자인 '셀프 출장신청'으로, 누가 보더라도 출장의 필요성을 인정하기 어려웠다.

심지어 I가 미국 출장에서 사업목적으로 만나겠다는 사람은, 이 사건 수사 대상자이자 I 등과 함께 마약을 투약한 여대생을 소개해준 사람이었다. I가 미국에서 영영 돌아오지 않을 수도 있지만, 설령 돌아오더라도 이미 위 소개자와 내통해 증거를 인멸할 우려를 배제할 수 없었다. 실제로 I는 이 사건 직후 해당 여대생의 직접적인 연락에는 응하지 않은 채 위 소개자를 통해 자신의 입장을 전달하기도 했다. 나는 이런 납득하기 어려운 출국금지 해제 신청에 구속영장 청구로 신속히 대응했다.

I에 대한 구속전피의자심문 역시 신속하게 종료되었다. 구속전피

의자심문에서는 태세를 전환해 범행을 전부 인정했는데, 영장담당 판사는 상황의 유불리에 따라 엿가락처럼 입장을 바꾸는 I의 전략을 꿰뚫고 있었다. 자신이 구속될 경우 노모와 강아지를 돌볼 사람이 없다며 선처를 구했지만, 애초에 노모를 모시고 있는 집에서 여성을 데려와 함께 필로폰을 투약하는 사람이 할 말은 아니었다. I는 구속영장이 청구되자 해당 여대생에게 장문의 메시지를 보냈는데, 일회용 주사기 사용여부를 알려달라는 단순한 질문에도 조롱섞인 답변회피로 일관하던 것과는 사뭇 다른 모습이었다.

이제는 정신을 차릴 것이라 생각했지만, I의 기행은 구속으로 끝나지 않았다. 재판에서는 자신과 '미래를 함께 하기로 약속한' 여성이 있다며 그녀를 '양형 증인'으로 신청했다. 양형 증인이란, 유무죄가 아닌, 전부 유죄를 전제로 감형을 위해 신청하는 증인을 의미한다. 그렇다면 I는 결혼을 약속한 여성이 있으면서도 여러 여성들에게 마약을 무상으로 제공하고 함께 투약했다는 것인데, 그 어느 여성이 이런 상황에서 I에게 유리한 증언을 할까 싶었지만, 놀랍게도 해당 여성은 법정에서 I에 대해 유리한 증언을 했다. I를 용서한 것일까? 돈을 받고 증언한 것일까?

안타깝게도 그 여성이 I를 용서했는지 여부와 무관하게, I는 적지 않은 기간 동안 복역해야 한다. I는 1심에서 징역 2년 6개월을 선고받았다. 이 사건 이전 범죄 전력의 집행유예 기간은 5년이었으므로, 1심의 선고형이 줄어들지 않는다면 최소 7년 6개월을 복역해야 한다. 이미 중년에 접어든 I가 출소할 때까지 해당 여성이 그를 기다릴 수 있을까? 누구나 그 어떤 상황에서든 행복을 추구할 권리가 있고, 누구와 언제 결혼할지 여부는 순전히 당사자의 의사에 달려 있지만, 자신뿐 아니라 결혼을 약속한 여성의 미래까지 망쳐버린 것은 결국 마약이다.

수사노트

어떤 수사기관에서 수사를 받든, 처음 피의자 조사를 받을 때에는 '인정신문'을 받게 된다. 기본적인 인적사항, 가족관계, 재산상황, 사회경력 등을 나름 세세히 묻게 되는데, 이때 의외로 중요한 것이 가족관계이다. 화목한 가족관계가 유지될 경우 범죄를 저지를 유인이 적고, 범죄를 저지르더라도 이를 후회하며 자백할 확률이 높기 때문이다. 미혼인 피의자에게는 교제하는 사람이 있는지 여부도 묻는다. 결혼이 전제된 관계라면, 피의자라는 지위조차 일종의 '주홍글씨'로 작용하므로, 그런 질문만으로도 피의자는 심리적 압박을 받게 된다.

I는 조사 당시, 결혼을 하지 않았고 결혼을 전제로 교제하는 사람도 없다고 답했다. 상식적으로 기혼자이거나 결혼을 전제로 한 연인이 있는 사람이 자신보다 한참 어린 이성에게 마약을 제공하고 성관계를 할 이유가 없다. 그렇다면 I에게는 검찰 조사 이후 구속되기 전까지 그 짧은 기간에 갑자

기 '미래를 함께 하기로 약속한 연인'이 생긴 것일까? 상식적으로 그럴 가능성은 0에 수렴한다. 이쯤 되면, 법정에 출석한 '미래를 함께 하기로 약속한 연인'은 돈을 주고 섭외한 배우가 아닐까 하는 생각마저 든다.

비록 I와 나이대는 다르지만, 동아리원들 중에도 '마약 전과자'라는 낙인이 찍힐 경우 나중에 결혼하기 어렵다는 점을 나름의 참작 사유로 내세운 경우도 있었다. 혼전계약서, 혼전 신체검사 등 결혼 전에 상대방을 철저히 검증하는 사례가 늘고 있는데, 범죄경력증명서를 발급받아야 할 경우 영락없이 '약쟁이' 과거를 들키게 되는 것이다. 그 누가 이런 어두운 과거를 가진 사람과 결혼하려고 할까? 굳은 결심으로 마약을 극복했다고 한들, 그냥 '빨간줄'도 아닌 '마약' 두 글자가 들어간 빨간줄은 인생계획 자체를 파괴한다.

잘못된 쾌락
파괴된 젊음

　　찬란하게 빛나는 젊음은 영원할 것 같지만 한순간에 사라질 수 있다. 수사 대상자 모두 성인이기에 얼마든지 건전한 성생활을 할 수 있다. 그러나 일부 수사 대상자는 전문가의 개입이 절실해 보였다. 유흥업소 종업원으로 근무하며 속칭 '2차'로 불리는 성매매를 통해 돈을 버는 것도 문제였지만, 자신의 몸을 상품화해 인터넷 방송을 통해 송출하려는 시도도 있었다. 충격적이게도, 교제하는 사이였던 회원들 사이에 심지어 얼굴도 가리지 않은 성적인 사진·영상성행위 장면 포함을 송출·판매해 수익을 배분한다는 내용의 계약도 체결했다. 변호사가 손을 댄 것으로 보일 정도로 형식적으로 완성된 계약서도 있었다.

　　이들이 실제로 그런 송출·판매를 진행했는지는 모르겠으나실제로 송출·판매가 이루어졌다면 공연음란죄로 처벌받을 수 있다. 그런 내용의 계약서를 작성하는 것 자체가 일반적이지 않은 것은 분명하다.

해당 계약서는 교제 당사자들 사이의 비밀로 남았을 것 같지만, 놀랍게도 이들과 친한 회원들은 대부분 해당 계약서의 존재를 알고 있었다. 남녀를 불문하고, 해당 계약서의 존재 자체만으로 계약 당사자들(?)을 '손절'할 것 같지만, 개의치 않은 채 뜨거운 우정을 이어오는 이들의 모습은 더 충격적이다. 계약 당사자들도 문제였지만, 메신저 단체 대화방에서 매일 즐겁게 떠드는 친구들이 이들의 추락을 알면서도 별다른 문제의식을 느끼지 못한다는 것 자체가 더 큰 문제 아닌가.

이들의 잘못된 성관념은 여기서 그치지 않았다. 이들은 서로의 성관계 장면이나 나체를 촬영했는데, 심지어 연인 사이에 단둘이 있는 은밀한 장소에서 촬영한 것도 아니고물론 연인 사이라도 그런 촬영을 하는 것은 매우 위험하다. 단체로 마약을 투약한 다음 바로 성관계를 갖고 촬영하는 일이 계속되었다. 아무리 마약에 취한 상태라도, 자신의 몸과 명예를 소중히 여긴다면 절대로 할 수 없는 행동이다. 그러나 이렇게 촬영한 영상·사진을 불특정 다수에게 퍼뜨리는 것은 전혀 다른 문제이다. 그중에는 다른 동아리 회원을 촬영한 영상을 '지인능욕방'에 퍼뜨릴 것처럼 협박한 부분도 있었다.성폭력처벌특례법위반(촬영물등이용협박)으로 기소되어 1심에서 유죄가 선고되었으나, 검사 수사 개시 범위 위반으로 항소심에서는 공소 기각되었다.

평소 성관계 장면 등을 촬영한 영상과 사진이 적지 않았기에, 이런 협박이 가능했을 것이다. 협박성 발언이 이루어진 메신저 단체 대화방은 아주 가관이었다. 피해자는 거듭 영상을 퍼뜨리지 말아 달라고 간청했지만, 다른 참여자들은 오히려 피해자를 조롱하거나 아무렇지 않게 일상적인 대화를 이어갔다. 성관계 장면 등의 촬영을 사전에 동의했다 해도 장난이라며 **피해자 입장에서는 결코 장난이 아니다.** 해당 영상을 '지인능욕방'에 퍼뜨릴 것처럼 말하는 것은, 결코 용인될 수 없는 행동이다.

의도가 무엇이었든, 법적으로는 피해자 입장에서 어떻게 받아들일지 여부를 따지게 되는데, 피해자는 수사 과정에서 합의할 생각이 전혀 없다는 의사를 강력하게 표시했다. 당시까지도 여전히 합의가 이루어지지 않았는데, 합의금 액수에 관한 차이가 아니었다. 만약 해당 단체 대화방 참여자 중 단 한 명이라도 즉시 이러한 발언을 지적하고 문제 삼았다면, 형사처벌까지는 이루어지지 않았을 것이다. 안타깝게도, 왜곡된 성관념 탓인지 누구도 그 발언을 말리지 않았다.

이들은 대부분 자취생이었는데, 자취방에 대한 압수수색 당시 화려한 외모나 패션 감각과 어울리지 않는, 더럽고 정돈되지 않은 광경을 목격했다. 사람이 기거할 수 있는 공간으로 보기 어려운 정도였다. 쌓여 있는 설거지, 1/3 정도 남은 맥주캔, 거의 식초가 되어버린 먹다 남은 와인, 용도를 알고 싶지 않은 휴지더미, 어지럽게 널부러진 각종 충전기, 제조일로부터 2년도 넘은 약봉지, 정체를 알 수 없는 끈적한 것이 묻은 전자담배 기기 등등.

가족이 이 광경을 보았다면 당장 머리채를 잡고 방에서 끌어내지 않았을까. 이른바 '특수청소' 전문가들의 도움이 절실해 보였다. 수사 열의와 KF-94 마스크로 무장한 수사팀이었지만, 그분들을 그 자리에 오래 머무르게 하는 것 자체가 죄를 짓는 기분이었다. 이처럼 최소한의 자기관리도 제대로 못 하는 이들의 인스타그램은 고급호텔, 파인다이닝, 명품 등 화려함으로 가득 차 있었다.

아무리 자본주의 사회라지만, 일부 수사 대상자는 수백만 원을 호가하는 비싼 술집에서 잊지 못할(?) 시간을 보냈다. 강남에 위치한 해당 술집은 전화하면 직접 승합차를 보내줄 정도로 범상치 않은 곳이었는데, 당연히 총 비용에는 술과 안주값 외에도 TC$^{table charge}$도 포함되어 있었다. 이쯤 되면 '술집'보다는 '업소'에 가깝다는 것을 눈치챘을 것이다. 영화·드라마로만 접하던 '그사세'가 멀리 있지 않았다.

물론 이런 업소에 출입했다고 해서 곧바로 법적으로 문제 삼을 수 있는 것은 아니다. 무전취식이나 성매매가 아닌 이상 법의 잣대를 들이대기도 어렵다. 다만, 업소 한 번 출입에 들어간 수백만 원의 비용이 과연 어떤 경로로 마련됐는지는 충분히 의심스러웠다. 업소 방문 자체는 이번 사건의 직접적 쟁점은 아니라 수사 범위에서 제외했지만, 일부 마약 파티에 유흥업소 여종업원이 참가한 정황과의 관련성은 완전히 배제하기 어려웠다.

젊음은 거칠고 불안하지만, 지식과 경험을 쌓으며 책임 있는 사회 구성원으로 성장하는 소중한 과정이다. 그러나 최소한의 자기관리를 포기하고 마약과 왜곡된 성관념이 선사하는 쾌락에 빠지는 것은 소중한 젊음을 파괴하는 일이다. 나는 젊은 시절 대부분을 학교와 도서관, 일터에서 보낸 것을 종종 후회한다. 하지만 이번 사건에서 잘못된 쾌락에 잠식된 이들의 파괴된 젊음을 마주하고 나니, 그런 후회조차 모두 사라졌다.

　　마약범죄를 접할수록, '인간의 합리성'에 대한 근본적인 의문이 든다. 뜨거운 사랑이라도, 그 온도가 영원히 유지될 것이라는 보장은 없다. 제아무리 똑똑한 대학생이라도, 달콤한 사랑의 속삭임에 속아 자신의 나체가 상대방의 휴대폰 속에 담기는 것을 허용한다는 것은 도저히 이해하기 어렵다. 이른바 '리벤지 포르노'는 이미 카메라가 장착된 휴대전화가 보급된 '애니콜' 시절부터 사회적 문제가 되었으니 말이다. 본문에서 언급한 '계약서' 문제는 말할 것도 없다.

　　결국 문제의 근본은 돌고 돌아 '마약'이다. 가마솥에 들어간 개구리는, 물의 온도가 상승하면서 천천히 삶아진다. 한번 마약을 접한 이들의 판단력은, 가마솥 안의 개구리처럼 점점 흐려진다. '성관계 영상 계약서 작성'이라는 도저히 상상조차 하기 어려운 행동에 나선 동아리원 뿐 아니라, 마약사범들이 자신의 몸을 통제하지 못하고 무너지는 사례가 적지 않다. 마약사범들의 이야기를 들어보면, 우리가 사는 세상과는 완전 다른 세상에 살고 있는 '다른 종족'과도 같다는 생각이 든다.

　이쯤 되면, 마약에 손을 대는 것은, 마치 안대로 눈을 가리고 경부고속도로에 뛰어드는 것과 다를 바 없다. 다만, 그 장면이 슬로우모션으로 진행될 뿐이다. '빠른 죽음'과 '느린 죽음' 정도의 차이랄까.

독종 검사와
옥중서신

그 누구도 자신의 치부가 드러나는 것을 원하지 않는다. 나는 이 사건 수사로 능력과 성과에 비해 과분한 관심과 칭찬을 받았지만, 수사 대상자는 나에 대해 좋은 감정을 가질 수 없을 것이다. 인간이라면 그 누구도 자신에게 가해지는 불이익을 달게 받아들일 수 없으니, 나 역시 한 인간으로서 이들의 감정을 이해하지 못할 바는 아니다.

그러나 A의 현행범인 체포를 제외하면, 이들은 내가 아니었다면 구속은커녕 검찰청 근처에도 올 일이 없었을 것이다. 이 사건 수사로 인생의 매운맛을 보지 않았다면 마약을 쉽게 떨쳐내기 어려웠을 것은 분명하다. 구속으로 인해 이들의 인생에 씻기 어려운 오점이 생긴 것 또한 부인할 수 없는 사실이다. 직업을 잃고, 학교로 돌아가지 못했으며, 적지 않은 법률비용을 지출했다. 그 과정에서의 마음고생은 이루 말할 수 없다. 내가 이들의 입장이었다면, 나를 원망하는 것에 그치지 않고, 복수를 꿈꾸며 교도소에서의 하루하루를 보냈을 수도 있을 것 같다.

그러나 어쩌겠는가. 수사·재판은 엄정하고, 형벌은 고통스럽다. 나의 첫 임지였던 중앙지검에서 공판 검사 업무를 할 당시 만났던 부장판사는, 약식명령 벌금형을 '깎아달라'며 정식재판청구를 한 피고인들을 엄히 꾸짖으며 '견딜 수 있는 형벌은 이미 형벌로서의 기능을 상실한 것'이라는 말을 반복했다. 백번 동감한다. '감수할 만한 형벌'이란 마치 '안 아픈 주사', '가고 싶은 군대', '가족 같은 회사' 따위의 허황된 개념 아닌가. 수사부터 형 집행까지, 그야말로 요람에서 무덤까지 이 고통스러운 절차를 주재하는 검사의 손에는 필연적으로 피가 묻을 수밖에 없다.

'검사 선서'에는 '용기 있는 검사', '따뜻한 검사', '공평한 검사', '바른 검사'가 나오지만, 사실 검사의 본 모습은 '무서운 검사', '자비없는 검사'이다. 나는 A 등 이 사건 수사 대상자와 그 변호인들로부터 '독종 검사'라는 평가를 받았다. 정당방위 여부를 고민해 볼 만한 범죄와 달리, 선과 악이 분명한 마약범죄에 있어 용기나 따뜻함 따위는 없다. 나도 처음에는 친절하고 상냥한 모습을 내세웠지만, 곧 피도 눈물도 없는 진면목을 들키고야 말았다.

A는 나의 이런 모습을 역이용하려 했는지, 다른 동아리 회원에 대한 증인신문사항을 작성하며, '진술을 번복할 때 검사가 화를 내거나 호통을 치는 등 언성을 높인 사실이 있는지'를 질문하려 한 웃지 못

할 일도 있었다. 이쯤 되면, 수사기관과 범죄자의 위치가 바뀐 것 아닌가. 수사의 본질은 실체적 진실을 향한 탐구이다. 진술 번복은 그러한 탐구 과정을 방해하는 분명한 요소인데, 그 어떤 수사기관도 실체적 진실을 밝히려는 노력을 방해받는다면 가만히 있지 않는다. 사실관계를 있는 그대로 진술하고 그에 대한 법적 판단을 달게 받지 않는다면, 그 앞에 놓인 길에는 오로지 고통과 고난이 도사릴 뿐이다.

2024년 9월경 마지막 수사 대상자를 기소하면서 더 이상 손에 피를 묻히지 않게 되었지만, 피를 씻어내도 피비린내는 오랫동안 나를 따라다녔다. 수사 대상자 일부로부터 받은 옥중서신 때문이다. 검사 생활을 하루이틀 한 것이 아니니, 수사 대상자로부터 '밤길 조심해라' 등 대놓고 하는 협박을 많이 받았다. 이제는 제법 익숙해졌는데, 앞서 소개한 특정범죄가중처벌등에관한법률위반죄**보복목적협박등** 등으로 추가 입건될 우려가 있어서인지, 요새 범죄자들은 그런 류의 '정직한(?) 협박'을 하는 경우가 드물다.

검찰에는 수사 대상자로부터 '감사편지'를 받을 경우 내부망 '미담과 칭찬' 게시판에 "OOO 앞으로 감사편지가 도착했습니다"며 홍보 글을 작성해주는 제도가 있다. 이 사건 수사 대상자가 보낸 편지에는 대부분 '마약에서 벗어나게 해주셔서 감사합니다' 등 나에게 감사함을 표하면서도**유리한 양형자료로 삼기 위해 반성문스러운 편지를 보낸 측면도 배제할 수 없**다. '왜 나보다 더 악질적인 마약범죄자는 가만 놔두고 나만 괴롭히시는지, 출소 후 여쭤보겠습니다', '나중에 변호사로 활동하실 때 반드시 찾아뵙겠습니다', '검사님도 저와 같은 일을 겪지 않으리라고 장담하실 수 없습니다' 등 그 진의를 알기 어려운 기분 나쁜 내용도 포함되어 있었다. 도대체 이것은 감사편지인가, 협박편지인가.

최근에는 옥중서신을 통해 정치 활동을 이어가는 일부 정치인들의 태도가 눈살을 찌푸리게 한다. 수형 중인 범죄자라 하더라도 표현의 자유를 완전히 제한할 수는 없지만, 자신의 잘못을 끝까지 뉘우치지 않고 판사, 검사, 법 심지어는 '운' 탓을 하는 그들을 보며, 아무리 인간의 본성이랍시고 넘어가려 해도 분노와 실망감을 감추기 어렵다. 나에게 옥중서신을 보낸 이 사건 수사 대상자 역시 마찬가지인데, 나와 같은 독종 검사 때문에 이 모양 이 처지가 되었으니 억울하다는 뉘앙스가 강하게 풍겼다. 이쯤 되면 마약범죄가 잘못된 것인지, 독종 검사인 나의 존재 자체가 잘못된 것인지 헷갈린다. 이 사건 수사 대상자 정도 되면, 주변에 자신보다 더 많이 마약을 매매하고 투약한 자들을 알 수도 있다. 그러니 이들이 수사나 처벌을 받지 않았다면, 억울할 수도 있겠다.

당장 A 등에게 마약류를 판매한 자들 역시 텔레그램과 가상화폐에 가려져 있다는 이유로 그 신원을 특정조차 하지 못했다. 참으로 안타깝고 부끄러운 일이다. 구차하게 변명하자면, 이는 다른 범죄와 구분되는 마약범죄의 속성에 기인한다. 그 어떤 범죄자도 자신이 적발될 것을 상정하고 범죄를 저지르지는 않는다. 모든 범죄의 법정형을 사형 일변도로 규정하더라도 범죄를 완전히 없앨 수는 없다. 사기, 횡령 등 특히 재산범죄는 이해관계의 대립으로 인해 맞고소 등 이전투구인 경우가 많은데, 마약범죄의 경우 그런 이해관계의 대립을 찾아보기 어려워 수면 위로 드러나지 않는 경우가 다반사이다. 함께 마약을 즐기거나, 마약을 판매한 대가로 호의호식(?)하는 과정에서 이해관계의 대립은 찾아보기 어렵다.

특히, 비대면 마약거래의 경우 마약 매수·투약 사범들조차도 매도 상대방의 인적사항을 모르는 경우가 대부분이다. 이들이 범행을 전면 자백하더라도 공급 상선에 대한 수사는 현실적으로 어렵다. A 등 이 사건 수사 대상자 역시 상호간 마약 대금을 오로지 현금이나 가상화폐만으로 거래했다면 수사의 범위가 이렇게 확대되기는 어려웠을 것이다. 나는 아직까지도 명문대생들이 정직하게(?) 자신들 명의 계좌를 이용한 송금으로 마약을 거래한 이유를 이해하기 어렵다. 이들은 마치 헨젤과 그레텔처럼 수사의 흔적을 스스로 남겼고, 나는 그 흔적을 집요하게 추적하며 사건을 밝혀냈을 뿐이다.

그러니 "왜 나만 갖고 그러느냐", "왜 나에게만 기준이 엄격하느냐"는 식의 억울함 표출은 결국 본인에게 아무런 도움이 되지 않는다. 이 사건 수사 대상자 중 일부는 구치소 수용실도 압수수색 당했는데, 이들이 작성한 일기장이나 편지에는 후회나 반성보다는 억울함과 분노의 비중이 더 높아보였다. 대부분 자기보다 마약에 손을 더 많이 댄 주변인들은 아무런 수사나 처벌을 받지 않은 반면, 그보다 경미한(?) 마약사범인 자신이 구속된 것에 대한 억울함과 분노이다. 그렇게 억울하면 그 주변인들의 범행을 고발하면 될 일 아닌가.

그러나 실제로 자신 주변의 마약사범들을 고발하거나 제보한 이들은 소수에 불과하다. 그 이유는 간단하다. 이들이 수사를 받게 될 경우 도리어 고발·제보 주체인 자신에게 앙심을 품고 역고발·역제

보로 돌아올 수 있기 때문이다. 즉, 내가 모르는 여죄가 남아있기 때문에 함부로 액션을 취하지 못하는 것이다. 이쯤 되면, 마약범죄에서 가해자와 피해자를 구분하는 것은 무의미하다. 세상에는 오직 두 종류의 사람만 존재할 뿐이다. 마약을 접한 사람과 마약을 접하지 않은 사람 말이다.

재판 그 후
: 뒤끝은 언제 끝날까

이 사건의 수사는 2024년 10월경에 마무리되었고, 1심 재판 역시 2025년 8월경에 대부분 끝을 맺었다. 일부 사건은 항소심이나 상고심으로 이어지고 있으나, 수사 대상자 대다수에 대한 1차적 법적 판단은 대부분 최종적으로 내려졌다. 심지어 A조차도 수사 개시·공소제기의 위법성을 제외하면, 마약범죄 공소사실 자체는 인정·자백한 상황이었다.

한때 동아리 활동을 통해 화려하게 살아가던 이들 역시 이제는 인스타그램 계정을 비공개로 전환하는 등 조심스러운 태도를 보이고 있다. 비록 단약 교육과 치료는 지속적으로 필요하지만, 이 사건을 계기로 이들 모두가 진정으로 '새로운 삶'을 시작하기를 소망한다. 아직 젊기 때문에 시간이 많다. 실제로 집행유예 이상의 중형을 선고받지 않은 많은 수사 대상자는, 사건 이후 각종 국가자격시험에 합격하거나 취업에 성공하는 등 다시 사회에 안착하기도 했다.

그러나 안타깝게도, 아직도 사건의 늪에서 헤어나오지 못한 '뒤끝 작렬' 수사 대상자도 있다. 앞서 언급한, 나에게 옥중서신을 보낸 수사 대상자도 이에 해당하지만, 자신에게 조금이라도 불리한 진술을 한 다른 수사 대상자에게 악감정을 품고 '얼마나 잘 사나 두고 보자' 식의 모골이 송연한 메시지를 전한 자들이다.

재판을 받게 되면 수사기록 전체를 열람·등사복사할 수 있는데, 수사기록의 대부분은 수십명의 조사 대상자들에 대한 피의자신문조서·참고인조서가 주된 부분을 차지한다. 수사기관에서 한 번이라도 조사를 받아보았다면 알겠지만, 조사자가 진술거부권 등 권리를 고지한 다음 준비한 질문과 답변을 기재하고, 피조사자가 이를 열람하며 수정한 다음 그 최종본에 서명날인과 간인을 하게 된다. 피조사자가 증거로 사용될 것에 동의한 진술만이 조서에 최종적으로 기재되는데, 일부 피고인들은 다른 피조사자들이 자신에게 한 불리한 진술을 꼬투리 잡아 악감정을 키운 듯하다. 구속된 상태에서는 수사기록을 읽는 것 외에는 크게 할 일이 없을텐데, 그들의 뇌리 속에는 자신에게 불리한 진술이 계속해서 확대 재생산된 것으로 보인다.

한때 같은 공간에서 웃고 떠들며, 심지어는 사랑을 키워나간 상대방이 자신에게 칼을 꽂는 느낌은 나도 경험해보지 않았기 때문에 감히 평가할 수는 없다. 그러나 어쩌겠는가. 잊어야 한다. 100세 시대마 **약의 영향으로 인해 몇 년 당겨질 여지를 배제할 수 없다.**에 할 일이 많다. 이 사건에 장기간 매몰되어 있는 것은 개인과 사회 양 측면에서 결코 바람직하지 않다. 장기간의 실형을 복역해야 할 A도 마찬가지이다. 성실히 수형 생활을 하며 마약을 극복하고 출소 후에는 자신은 물론 가족과 사회에 선한 영향력을 미쳐야 한다. 그것만이 가족 등 주변인들에게 끼친 피해를 만회하고, 마약으로 얼룩진 젊은 날에 사죄하는 유일한 길이다.

수사노트

실제로 범죄자들이 출소 후에 자신을 괴롭힌(?) 검사나 수사관을 상대로 복수를 하는 경우가 있을까? 국가공무원들의 본질과도 같은 '인사이동' 시스템 덕분에, 범죄자들이 출소할 즈음에는 이미 검사와 수사관은 다른 지역으로 전보된 경우가 대부분이다. 물론 전보가 되지 않았더라도, 복수를 위해 무턱대고 찾아갔다가 검사와 수사관 얼굴은 보지도 못하고 출입 단계에서 체포되어 특정범죄가중처벌법보복목적협박등위반죄 등으로 가중처벌 될 우려가 매우 높다.

오히려, 피해자나 증인참고인을 찾아가 보복하는 경우가 많다. 피해자에 대한 법적 보호제도를 논하기 전에, 피해자는 스스로 이사를 가거나 전화번호를 바꾸는 등 자기방어에 나서곤 한다. '방어본능'이다. 그러나 문제는 증인참고인에 대한 보호방법이다. 일면식도 없는 모퉁이 가게 사장님이 음주운전 사고현장에 대해 목격 진술을 했다는 이유로, 출소 후 그 가게를 찾아가 해코지하는 등 증인참고인에 대한 보복 범죄는 빈번하게 일어난다. 이 사건에서도 피의자들에게 불리한 진술을 한 동아리원들 중에는 피의자들로부터 협박성 연락을 직, 간접적으로 받은 사람도 있었다. 그들 중 일부는 입대를 해버려 대한민국에서 가장 강력한(?) 공권력의 보호를 받고 있었다. 문제는 여전히 같은 학교를 다니며 일상생활을 하고 있던 동아리원들이었는데, '배신자' 프레임에 갇혀 결국 휴학을 해버린 경우도 있었다. **비겁하게 배신자 프레임을 씌우다니. 그런데 그 학교는 우리나라에서 손꼽히는 명문대이다.** 참으로 개탄스럽지만, 아직 증인참고인에 대한 보호 법제는 부족한 것이 현실이다. 결국 수사 성공의 지름길은, 겁을 먹은 증인참고인들을 잘 설득하고, 이들을 최대한 보호하는 것이다. 그런 측면에서 이 사건 수사는 '완전한 성공'이라고 보기 어렵다.

7장
더럽고, 천하고, 저급하다

마약은
[ㄱㅐㅁㅅㅓㅇ]의 영역인가

'범죄 없는 세상.' '마약 청정지대.' 애석하게도 이 두 목표가 달성되리라고 생각하는 사람들은 많지 않을 것이다. 마약범죄는 예방이 최선이다. 마약범죄 중 가장 많은 비중을 차지하는 단순 투약범죄의 예방법은 간단하다. 처음부터 일말의 호기심조차 가지지 않으면 된다.

이 사건이 광범위하게 보도된 이후, 많은 이들이 나에게 마약범죄 예방 방법을 묻곤 했다. 그때마다 나는 강력한 처벌과 마약예방 교육 등이 필요하다는 교과서적인 답변을 반복했다. 사실 속마음으로는 '그냥 안 하면 된다'라는 답변이 더 솔직한, 한편으로는 무책임한 대답임을 잘 알고 있다. 하지만 지금은 다소 다른 관점에서 이야기를 하려고 한다.

술과 담배가 백해무익하다는 것은 과학적으로 증명된 사실이다.최근 연구 결과에 따르면 '적정 음주량' 따위는 없다고 한다. 저녁을 먹고도 야식으로 치킨, 족발, 라면, 피자 등 고칼로리 음식을 먹는 것이 건강에 좋지 않다는 것은 삼척동자도 아는 사실이다. 내일 출근을 위해 자려고 누워 머리까지 뒤집어쓴 이불 안에서 스마트폰을 손에 쥐고 새벽까지 시간을 보내면 눈 건강에 치명적이다. 그러나 살면서 단 한 번도 위의 것들을 해보지 않은 사람은 없을 것이다. 백해무익한 것을 알면서도 한 번은, 혹은 그 이상 했다면, 이는 이성만으로는 설명할 수 없는 '감성'의 영역인 것이다.

MZ세대 사이에서의 발음은 '갬성'이다. 감성을 [ㄱㅏㅁㅅㅓ이]이 아닌 [ㄱㅐㅁㅅㅓ이]으로 발음하는 것 자체에서, 이성이나 합리성 따위로는 설명하기 어려운 강력한 아우라가 느껴진다. 오래 고생해서 준비한 시험에 합격했을 때, 같이 공부한 스터디원들과 함께 밤새도록 술을 마시면서 느끼는 환희는, 다음날 엄청난 숙취로 고생하는 와중에도 계속 생각난다. 힘든 기말고사를 마치고 종강 후 일주일간 밖에도 나가지 않고 계속된 야식으로 체중이 늘었어도 괜찮다. 우연히 접속한 OTT에서 '인생 드라마' 정주행으로 밤을 세워도, 그 여운이 남으면 기분이 좋다. '가속 노화'의 지름길인 그러한 행동들로 인해 죽음이 몇 분 당겨졌을지도 모르지만, 크게 후회하지 않는 이유는 결국 인간에게는 감성의 영역이 존재하기 때문이다. 그때로 돌아가더라도 다시 그렇게 할 것이다.

마약도 마찬가지이다. 심지어 A는 마약의 위험성을 구체적으로 인지하고 있었다. A뿐만 아니라, 앞서 언급한 텔레그램 마약 채널에서도 합성대마만큼은 근처에도 가지 말라고 강력히 경고한다. 합성대마는 대마가 아닌 향정신성의약품인데, 합성대마를 단 1회 매수한 경우 법정형이 무기 또는 5년 이상의 징역형에 처한다. 이는 그 심각한 위험성 때문인데, 합성대마의 장기투여 효과는 아직까지도 연구되지 않았다. 이유는 간단한데, 장기투여한 사람은 모두 사망했기 때문이다. 사정이 이러니, A를 비롯한 '합리적인(?)' 대다수 마약사범에게도 최소한의 이성은 여전히 남아 있다고 보는 것이 타당하다. 일반적인 인식과 달리, 마약사범들 중에는 의외로 정상적인(정확히는 '정상적으로 보이는') 삶을 영위하는 경우가 많다. 직업, 인간관계, 가족관계도 나쁘지 않다. 물론, 그렇게 정상적으로 보이는 삶은 마약으로 인해 점점 무너져간다. 시간 문제에 불과하다.

그런데 이상하다. 기본적인 이성이 남아있다면 합성대마는 물론, 그 어떤 마약류도 손을 대지 말아야 한다. 안타깝게도 A 등 이 사건 수사 대상자에게 이미 합성대마를 제외한 마약류는 이성이 아닌 감성의 영

합성대마의 위험성

주성분	형태	사용 방법	속칭 단어
JWH-018, JWH-250, HU-210, CP-59,549, CP-474979, AM-2201	화학적 합성물질이 흡착된, 잘게 자른 건조한 식물의 잎	흡연차로 마심	k2, 스파이스, 스컹크, Black Mamba, Herbal Incense, Joker, Kush

유발할 수 있는 건강 문제들	
작용	천연물이라 안전하고, 합법이라고 선전하나, 합성품으로 천연 대마보다 작용이 더 강하고 위험하며 불법임. 기분 상승, 기분 전환, 변화된 인식 및 정신병 증상 등 대마와 비슷한 쾌감을 느낌. 빠른 심박동, 구토 등 부작용으로 사망하기도 함
단기투여	심박동 증가, 구토, 불안, 혼란, 환각, 편집증, 혈압과 심장으로의 혈액 공급량 증가, 심장마비
장기투여	알려지지 않음
다른 건강관련 문제	미국의 특정지역에서, 합성대마 투약으로 인한 응급실 방문이 증가함
금단현상	두통, 불안, 우울, 흥분

*출처 : 국립부곡병원 공식 누리집

역으로 들어와 버렸다. 이런 말이 적절한지 모르겠으나, 가장 많이 투약한 LSD의 경우 장기투여의 효과'환각 지속 인지 장애', '지속되는 시각적 방해' 등가 어느 정도 연구된 모양이다.

그러나 이들은 합성대마와 달리 LSD를 투약할 경우 '죽지 않는다'라는 생각에 거부감 없이 접한 것으로 보인다. 면접을 통해 선발된 선남선녀 동아리원들과 같이 엄선된 소수만 접할 수 있는 힙hip하고 멋진 것이 바로 LSD 등 마약이었던 것이다.LSD, MDMA 등 마약의 명칭이 영어였던 점도 한 요인이었던 것으로 보인다. 모 고위 정부요인이 젊은세대의 해외투자의 이유로 '쿨해보여서요'라는 답변을 들었다고 했는데, 영어이름으로 된 마약이라면 젊은세대에게는 더 '쿨'해보이는 것 같다. 담배를 접한 청소년에게 그 이유를 물어보면 가장 많이 나오는 답이 '멋있어서'이다. 그러나 이 사건 수사 대상자에게 있어 담배는 이미 평범한 사람들이나 하는 것이 되어버렸다. 한심하기 짝이 없는 망상 수준이지만, 원래 감성이라는 것이 그렇다. 멀리서 보면 한

LSD의 위험성

형태	사용 방법	속칭 단어
알약, 캡슐, 액체	흡연차로 마심	Acid, Blotter, Blue Heaven, Cubes, Microdot, Yellow Sunshine
LSD 성분이 흡착된 그림이 그려진 작은 종이	종이를 혀에 녹여 사용	

유발할 수 있는 건강 문제들	
작용	급격한 기분변화, 현실 자각능력/이성적인 사고/타인과 교류의 왜곡, 혈압/심박/체온 상승, 어지러움과 불면, 식욕저하, 입 건조, 발한, 마비, 쇠약, 떨림, 동공확장
장기투여	과거 약물을 복용했을 때 경험했던 공포스런 장면의 회상(환각 지속 인지 장애), 지속되는 시각적 방해, 체계적이지 못한 사고, 편집증과 기분 전환
다른 건강관련 문제	알려지지 않음
금단현상	알려지지 않음

*출처 : 국립부곡병원 공식 누리집

심, 가까이서 보면 또 그만큼 힙한 것이 없다. 마약을 감성의 영역으로 받아들이는 이들에게, '하면 죽는다'는 합성대마를 제외한 LSD 등 마약류의 위험성을 떠들어봤자 마이동풍에 불과하다.

감성 운운하는 이들만 탓할 것은 아니다. 어느샌가 마약은 조폭 등 '전문 범죄자'가 아닌 재벌 N세, 미국 아이비리그 유학생, 인기 운동선수, 잘 나가는 연예인 등 속칭 '셀럽'들이 하는 힙한 것으로 인식되고 있다. 실제로 이런 유명인들의 마약범죄에 관한 보도가 오히려 마약에 대한 일종의 궁금증을 확대 재생산한다는 지적이 끊이지 않는데, 영화·드라마는 물론 개인 유튜브 영상에서도 마약을 힙한 것으로 다루는 경우를 찾아볼 수 있다.

나도 즐겨봤던 어느 유튜브 스케치 코미디 채널에서는 남성 건강기능식품을 광고하며 마약 투약을 연상케 하는 장면을 연출하거나, 아예 대놓고 특정 마약류 이름을 거론하며 해당 건강기능식품이 그 마약류보다 더 효능(?)이 좋다고 광고한다. '코미디는 코미디로 받아들이자'는 말에 공감하지만, 이 부분은 쉽게 지나치기 어렵다. 적지 않은 광고료를 받고 생각해낸 것이 마약이라니. 마약을 다룬 영화·드라마에서는 적어도 마약에 손을 댄 인물들이 비참한 최후를 맞이하거나〈브레이킹 배드〉, 〈수리남〉, 〈마약왕〉 등, 마약을 극복하는 훈훈한 모습안타깝게도 바로 떠오르는 이름은 없다.을 보여준다. 그러나 위 유튜브 영상에서는 출연자들끼리 웃고 떠들다가 끝난다. 나만 너무 진지한 것인가.

성악설과 성선설 모두 인간은 합리적인 존재임을 전제한다. 천성이 좋든 나쁘든, 합리적인 인간이라면 적어도 자기 자신에게는 최선의 선택을 하기 마련이다. 그러나 그런 합리적인 인간이 자신에게 최악의 선택인 마약 투약을 하는 것은 어떻게 설명해야 할까? 마약이 생각보다 나쁜 것이 아니고, 특정 마약류는 중독성도 없으며, 힙한 사람들이 하는 것이라는 자기암시가 은연중에 이루어진 것은 아닐까? 유튜브 영상은 그러한 암시가 이루어지는 매체의 대표적인 예이다. 물론 정말 합리적인 인간이라면 그런 영상에도 불구하고 범죄의 선은 넘지 않겠지만, 질풍노도(?)의 시기를 겪은 지 얼마 되지 않은 감수성 풍부한 젊은 세대는 그런 암시에 상대적으로 더욱 취약해 보인다. 적절한 규제를 통해 젊은 세대를 보호할 정책적 고민이 필요한 부분이다.

마약은 더럽고, 천하며, 저급하다. 마치 오래 방치된 음식물쓰레기통의 가장 밑바닥처럼 상상조차 하기 싫다. 마약을 투약한 내 모습은 몇 달이나 씻지 않은 상태로 오물 범벅이 된 상태와 같다. 그러니, '힙'하거나 '천재적 감성' 등 말도 안되는 개인적인 감성의 영역에서 멀찍히 벗어나야 한다. 젊은 세대의 시간 그 사이를 더러운 마약이 비집고 들어갈 틈은 없다. 이를 위해 이미 감성의 영역에 자리한 '상위포식자들', 구체적으로는 미디어에 자주 노출되는 연예인, 운동선수, 인기 유튜버, 정치인, 고소득자 등의 역할이 중요하다. 밖으로 보이는 이들의 행동거지 하나하나가 이들을 동경하는 젊은 세대의 감성을 구축한다는 점을 잊지 말아야 한다. 그런 의미에서 감성 마케팅의 정점에 있는 애플의 공동창업자 스티브 잡스의 LSD 언급은 매우 실망스럽다. 말한 마디로 전세계를 휘어잡는 트럼프 미국 대통령은 펜타닐의 미국

유입을 저지하기 위해 관세 전쟁까지 예고했지만, 정작 속칭 '셀럽'들이 무분별하게 마약을 언급하고, 이들을 동경하는 젊은 세대의 감성 한구석에 자리잡은 마약이 더 큰 문제로 아닌가.

수사노트

이 사건 수사 대상자는 결국 반성을 했을까? 반성의 처음이자 마지막은, 결국 두 번 다시는 마약에 손을 대지 않는 것이다. 기소되지 않은 수사 대상자는 재범방지 교육이나 단약 치료를 받았고, 그 교육·치료 기간이 거의 종료된 상황으로 보인다.

마약 재범률이 사회석으로 문제인 만큼, 교육·기법도 발전하고 있다. 그러나 안타깝게도 이 사건에서 교육·치료를 받은 수사 대상자 중 1명은 다시 마약에 손을 대고 말았다. 놀랍게도, 그가 다시 마약에 손을 댄 장소 역시 대학 동아리 '동방동아리방'이었다. 그것도 다른 대학의 동아리방. 심지어 그는 그 자리에서 다른 학생들에게 마약을 권했다. 교육·치료 개시에 앞서 내가 직접 그에게 더 이상 마약에 손을 대지 말 것을 단단히 일러두었건만, 무가치한 노력에 불과했다. 만약 그가 이 사건으로 중형을 선고받고 오랜 기간 복역했다면, 결과가 달라졌을까?

　재범한 그의 머릿속은 '교육·치료를 대충 받고 빨리 끝내자'라는 생각으로 가득 차 있었던 것일까. 말을 물가로 끌고 가서, 심지어 물을 입에 들이부을 수는 있겠지만, 그 물을 마실지 여부는 결국 말이 결정해야 한다. '마약은 힙한 것이다' 따위의 생각을 스스로 버리지 못하면, 교육·치료가 아니라 제아무리 중형을 선고받더라도 다시 마약에 손을 댈 가능성을 배제할 수 없다.

친구가 가도
따라가지 말아야 하는 그곳

감성을 완벽히 통제하는 것은 불가능하다. 애초부터 통제가 가능하다면 그것은 이미 감성의 영역을 벗어난 것이다. 감성은 타인, 특히 동년배들과 공유되면서 자라기 마련이다. 값비싼 식당에서 음식이 식는 것을 감수하며 여러 장의 사진을 찍어 SNS에 올리는 수고를 하지만, 그 SNS를 아무도 보지 않는다면 어떻게 될까? 이 사건에서 연합동아리가 마약 유통경로로 활용되지 않았다면, 수사 대상자 대부분은 평생 마약을 접할 일이 없었을 것이다. '동아리원 이용가능 혜택'이랍시고 홍보한 내용은 이미 닳고 닳은(?), 내가 보기에도 도파민이 급증하는 흥미로운 내용이다.

친구 따라 강남 간다고 한다. 이런 홍보글을 보고 있노라니, 함께 강남에 가고 싶은 마음이 굴뚝같다. '수천만원 상당의 클럽테이블 무료 300명 이상 대형파티'가 이루어진다는 장소도 대부분 강남이다. 이 사건에서 A 등으로부터 마약

동아리원들에게 홍보된 고급호텔 등 혜택 내용

📌 동아리원 이용가능 혜택 🤍고급호텔/리조트 vip 멤버쉽 다수 이용가능 (메리어트 플래티넘 , LHW , IHG다이아 , 신라호텔S멤버십 , 아난티 , 대명 , 양양인구스테이 등 보유중) -전국 어디든 저렴하고 세련되게 놀러가기 좋다는 장점! 🤍동아리에 자차 20대 이상 보유 -언제든 즉흥여행 떠나기 쌉가능	📌 활동 이력 ❄️JW Marriott Seoul 최상위 펜트하우스 스위트룸 OT (1박 2000만원) 🖤신라호텔 조선팰리스 등 각종 최상위호텔 스위트룸 파티 & 호캉스MT 🖤회장단 소유 호텔 최상위 펜트하우스 숙박비 무료 번개 🖤수천만원 상당의 클럽테이블 무료 300명이상 대형파티 (신사/청담/홍 대/압구정 등)

*출처 : 동아리 공식 인스타그램 계정

을 권유받은 이들은, 이미 고급호텔, 외제차 등 그 나이대에 접하기 어려운 사치재에 젖어 있었다. 이미 A 등 '선구자'들이 고급호텔과 외제차 등 감성 충만한 장소에서 마약을 접했다고 하니, 마약은 이들 선구자들과 힙한 감성을 공유하는 차원으로 느껴질 수 있다. 친구 따라 강남 가듯, 친구 따라 마약을 접한 것이다.

생각해 보면 그 누구도, 마치 영아가 '뒤집기-되집기-앉기-걷기'를 하듯 생래적으로 마약에 손을 대는 경우는 찾기 어렵다. 누군가의 권유로 시작하는 것이 대부분인데, 이때 친구 따라 강남 가듯 마약에 손을 댄다면, 돌아오기 어려운 강을 건너는 셈이다. 친구가 가도 따라가지 말아야 하는 그곳, 바로 마약이다. 평생 경찰서 근처에도 갈 일이 없어 보이는 이 사건 수사 대상자들은 처벌 여부와 무관하게 이미 젊은 나이에 소중한 것을 너무 많이 잃어버렸다. 선을 넘은 대가는 정말 치명적이다.

나가며

이 책의 원고가 거의 완성될 무렵인 2026년 1월경, 충격적인 사건이 발생했다. 동아리 회장 A가 수감생활을 하며 편지를 통해 LSD를 교도소에 반입한 혐의로 기소되었다. 수사 주체는 무려 '마약범죄 정부합동수사본부', 덜미를 잡혀도 제대로 잡혔다. 교도소·구치소에 담배를 반입하는 경우는 흔히 볼 수 있지만, 마약류 반입은 차원이 다른 이야기이다. 매 순간 교화와 반성의 시간을 보내야 할 수감자가 마약을 반입하다니. 어렵게 반입한 마약을 그저 관상용으로 모셔두진 않았을 것이다.

나는 A가 법정에서 했던 최후 변론을 똑똑히 기억한다. A는 진중한 어조로 재판장을 바라보며, 다시 마약에 손을 대면 그것은 부친을 죽이는 일이라고 하였다. 검사실에서는 거짓말을 밥먹듯이 하던 A였지만, 부친이 앉아 계시는 법정에서의 최후 변론만큼은 진실할 것으로 믿었다. A는 결국 부친의 가슴에 칼을 꽂고, 그 칼을 비틀기까지 했다.

인간은 얼마나 악하고 또 나약한 존재인가. 작은 가루, 우표 모양의 종이 한 장에 불과한 마약 앞에 무너진 인간은, 쉽게 일어서기 어렵다. 마약 때문에 거의 모든 것을 빼앗긴 이후에도 말이다.

〈마약류 및 약물 남용 예방 상담 연락처 / 전국 마약류중독자 치료보호기관 현황〉

구분	병원명	주소	전화번호
서울	서울특별시립은평병원	서울 은평구 백련산로 90	02-300-8114
	국립정신건강센터	서울 광진구 용마산로 127	02-2204-0114
부산	부산광역시 의료원	부산 연제구 월드컵대로 359	051-507-3000
	부산시립정신병원	부산 사상구 학강대로 39번길 104-36	051-310-7710
대구	대구의료원	대구 서구 평리로 157	053-560-7575
	대동병원	대구 동구 화랑로 169	053-663-1000
인천	인천광역시의료원	인천 동구 방축로 217	032-580-6000
	인천창사랑병원	인천 서구 원창로 240번길 9	032-571-9111
광주	광주시립정신병원	광주 광산구 상도로 84-3	062-949-5200
대전	참다남병원	대전 중구 대동4671	042-222-0122
	마인드병원	대전 서구 대덕대로 242번길 48	042-528-6550
울산	마더스병원	울산 남구 화합로 107	052-270-7000
경기	경기도의정부의료원	경기 의정부시 흥선로 142	031-828-5000
	용인정신병원	경기 용인시 기흥구 중부대로 940	031-288-0114
	새로운경기도립정신병원	경기 용인시 기흥구 중부대로 940	031-330-6200
	계요병원	경기 의왕시 오전로 15	031-455-3333
	아주편한병원	경기 수원시 장안구 경수대로 1111	031-269-5665
	이천소망병원	경기 이천시 호법면 중부대로 797-26	031-637-7400
	더블유진병원	경기 부천시 원미구 신흥로 244	031-321-1433
강원	국립춘천병원	강원 춘천시 동산면 영서로 824	033-260-3000
충북	청주의료원	충북 청주시 흥덕구 흥덕로 48	043-279-0114
충남	국립공주병원	충남 공주시 고분티로 623-21	041-850-5700
전북	원광대학교병원	전북 익산시 무왕로 895	1577-3773
	신세계병원	전북 김제시 금산면 구성5길 84-11	063-545-8700
	전라북도마음사랑병원	전북 완주군 소양면 소양로 465-23	063-240-2100
전남	국립나주병원	전남 나주시 산포면 세남로1328-31	061-330-4114
경북	포항의료원	경북 포항시 북구 용흥로 36	054-247-0551
경남	국립부곡병원	경남 창녕군 부곡면 부곡리 70	055-536-6440
	양산병원	경남 양산시 모래들1길 91	055-379-0202
제주	연강병원	제주시 죽성서로 14	064-726-7900
합계		30개 의료기관	

〈마약류 및 약물 남용 예방 상담 연락처 / 전국 마약류중독자 치료보호기관 현황〉

구분	상담/전화	주소/홈페이지
중앙본부	〈대표번호〉 　Tel 02-2677-2245. Fax 02-2677-2247 ▶운영지원팀 : 02-2677-2246 -재정 및공시 : 02-6929-3183 -회계 및 세무 : 02-6929-3182 -경영 및평가 : 02-6929-3184 -인사 및 총무 : 02-2677-2246 ▶사이버대응팀 : 02-2677-6002 〈정보보안, 홈페이지〉 ▶예방사업팀 : 02-6929-3187 -예방교육, 강사관리 : 02-6929-3187 -간행물, 인식개선 : 02-6929-3188 ▶중독재활센터 : 02-2677-2344 -상담 : 02-2679-0436~7. Fax 02-6919-9002 -중독재활지도 : 02-6929-3193 -회복지원상담 : 02-6929-3192 -재범방지교육 : 02-6929-3195, 2677-2344 -기소유예교육 : 02-2677-2343, 6929-3190 -C형간염, 치료비지원 : 02-6929-3194	〈주소〉 : 서울시 영등포구 선유동2로 57, 이레빌딩 14층 (우)07212 @ www.drugfree.or.kr 〈본부대표예일〉 E drugfree@drugfree.or.kr 〈중독재활센터〉 : 서울시 영등포구 당산로 48길 10 　(당산동 6가 238번지) (우)07223
강원센터	Tel 033-823-0626 Fax 070-8611-0626	주소: 강원도 강릉시 강릉대로 280, 2층 이메일 :yei12405@drugfree.kr
제주센터	Tel 064-805-9795 Fax 070-4032-3833	주소: 제주시 동광로 4, 삼옥빌딩 5층 이메일 :kjw1250@drugfree.kr
서울본부	Tel 02-598-8395 Fax 02-581-0262	주소: 서울시 서초구 효령로 194(서초3동 1489~3) 이메일 :syn0613@drugfree.kr
부산본부	Tel 051-462-1022 Fax 051-462-1835	주소: 부산시 동구 중앙대로 272(초량동) 이메일 :busandf@hanmail.net
대구본부	Tel 053-764-1207 Fax 053-764-1208	주소: 대구시 수성구 희망로 136, 3층 이메일 :dgdrug@hanmail.net
인천본부	Tel 032-437-7910~4 Fax 032-437-7916	주소: 인천시 서구 가정로 316, 인정빌딩 4층 이메일 :gbkim@drugfree.kr
광주본부	Tel 062-384-2818 Fax 062-526-2817	주소: 광주 광역시 상무대로 1106, 5층 이메일 :3742818@naver.com
전남본부	Tel 061-804-9777 Fax 070-7500-9719	주소: 전남 순천시 연향번영길 102, 2층 이메일 :@naver.com
대전본부	Tel 042-628-8675~6 Fax 042-628-8674	주소: 대전시 동구 대전로 866, 페이퍼칼라 302호 이메일 :@drugfree.kr
경기본부	Tel 031-257-7582 Fax 031-257-7581	주소: 경기도 수원시 팔달구 경수대로 708, 2층 이메일 :@naver.com
충북본부	Tel 043-221-4133 Fax 043-222-6094	주소: 충북 청주시 서원구 예체로 112, 5층 이메일 :@naver.com
충남본부	Tel 041-592-1341~5 Fax 041-592-1346	주소: 충남 천안시 서북구 쌍용대로 251, 3층 이메일 :@drugfree.kr
전북본부	Tel 063-232-5112 Fax 063-287-5119	주소: 전북 전주시 완산구 백제대로 319, 5층 이메일 :@hanmail.net
경북본부	Tel 054-451-0127 Fax 054-451-0128	주소: 경북 구미시 송원동로 14-8, 2층 이메일 :gbdrugfree@daum.net
경남본부	Tel 055-287-9993 Fax 055-287-7290	주소: 경남 창원시 성산구 중앙대로 257, 2층 이메일 :gndf@daum.net
울산본부	Tel 052-222-0600 Fax 052-282-0601	주소: 울산 광역시 중구 염포로 88, 2층 이메일 :124hys@drugfree.kr

*출처 : 한국마약퇴치운동본부 공식 누리집(https://www.drugfree.or.kr/